난, 헛살지 않았다

-실버들의 자서전 쓰기-

난, 헛살지 않았다
-실버들의 자서전 쓰기-

• 초판 인쇄	2005년 2월 25일
• 초판 발행	2005년 2월 25일
• 지 은 이	김동아 · 이금룡
• 펴 낸 이	채종준
• 펴 낸 곳	한국학술정보㈜
	경기도 파주시 교하읍 문발리
	파주출판문화정보산업단지 526-2
	전화 031) 908-3181(대표) · 팩스 031) 908-3189
	홈페이지 http://www.kstudy.com
	e-mail(e-Book사업부) ebook@kstudy.com
• 등 록	제일산-115호(2000. 6. 19)
• 가 격	21,000원

ISBN   89-534-2341-4 93330 (paper book)
        89-534-2342-2 98330 (e-book)

난, 헛살지 않았다

-실버들의 자서전 쓰기-

김동아 · 이금룡 (실버마케팅연구소)

한국학술정보㈜

●지은이 프로필●

● 김동아(金姷俄)
　　약 력
　　　상명대학교 행정학과 졸업
　　　상명대학교 정치경영대학원 사회복지학 석사

　　주요 논저
　　　「노인 정보교육 활성화방안을 위한 연구」

● 이금룡(李金龍)
　　약 력
　　　연세대학교 인문대학 사회학과 졸업
　　　University of Texas at Austin 석사, 박사
　　　밝은 노후를 만들어 가는 사람들의 모임 공동대표
　　　상명대학교 실버마케팅연구소 소장
　　　상명대학교 가족복지학과 교수

　　주요 논저
　　　『여가』 (공저)
　　　『노인과 자원봉사활동』 (공저)
　　　「한국노인의 사회활동 : 노년기 여가활동과 자원봉사활동을 중심으로」
　　　「연령별 노인에 대한 태도 비교를 통한 세대통합 프로그램의 전략적 방
　　　안모색」
　　　「Age at Migration and Family Dependency Among Older Mexican
　　　Immigrants」

　　　외 다수

들어가며

우리는 어릴 때부터 줄곧 개인보다는 전체에 융화되는 삶이 우선시 되어야 한다는 가르침에 길들여져 왔습니다. 그래서 거창하게 '자서전'이라고 제목을 붙여 나의 이야기를 쓰는 것이 혹여, 과시용인 돌출행동으로 비춰지지 않을까 하는 염려를 안고 있습니다.

하지만, 다가오는 고령사회에서 평균수명의 증가로 인해, 노년기는 단지 남은 삶의 '덤'이 아닌, 새로운 출발이라는 인식이 필요한 때입니다. 이를 위해서는 지난 삶에 대한 정리가 반드시 있어야 하며, 자서전은 바로 이러한 작업을 위한 중요한 도구가 될 것입니다.

상명대학교 실버마케팅 연구소에서는 노년기 교육과 여가를 통합한 프로그램을 개발하여, 2004년 여름부터 실버들을 대상으로 교육·여가 통합 프로그램인『e 실버호스텔』을 상명대학교 평생교육원에서 최초로 개설했으며, '노년기 자서전쓰기'는 교육과정의 하나로 운영되었습니다. 하지만, 지나간 삶을 회상한다는 것이 서로에게 얼마나 많은 유익을 남길 수 있을까 하는 의구심과 더불어, 그 나이에 다시 펜을 든다는 것이 곤욕스럽지 않을까라는 조바심이 없지 않았습니다. 그러나 마지막 순간에 이르자 뜨겁게 솟아오르는 두 줄기의 눈물을 서로 발견하게 되면서, 노년기에 자서전이 얼마나 중요하고 벅찬 감동을 안겨주는 일인지 깨닫는 소중한 시간이었습니다. 나이가 들면서 나의 자리는 어쩔 수 없이 점점 더 좁아지게 됩니다. 또한 예전 같지 않은 쇠퇴한 모습을 발견하고는, 수고롭고 까다로운 '자서전쓰기'가 귀찮은 일로 여겨질 수도 있습니다.

  하지만, 지난 삶을 차분히 곱씹어보면서, "난, 헛살지 않았다"라는 당당함으로 새로운 노년기를 개척하기 원하는 분들에게 자서전쓰기는 중요한 삶의 도구가 될 것입니다. 이 책은 바로 활기차고 보람된 노년기를 위한 책입니다. 자서전은 쓰고 싶지만, 어떻게 시작해야 될지 몰라 막막해 하시는 분들, 노년의 의미를 다시 한 번 되짚어 보고자 하시는 분들을 위해 쓰여 졌습니다. 이 책에서는 자서전이라는 글의 형식과 더불어 '쓰는 법'을 위한 다양한 원칙과 회상을 위한 질문형식의 글을 제시해 놓음으로써, 처음 도전하시는 분들도 포기하지 않고 쉽게 쓸 수 있도록, 가이드로서의 역할을 다하려 했습니다. 그리고 마지막으로, 이 책을 위해 많은 영감과 소중한 사진·글을 제공해 주신 e 실버호스텔 수강생 여러분들께 다시 한 번 감사의 글을 올립니다. 이 책의 출판을 흔쾌히 받아주신 한국학술정보(주)의 채종준 사장님과 직원선생님들에게도 감사드립니다.

2005년

상명대학교 실버마케팅 연구소에서

차 례

실버들의

자서전 쓰기

_____년 _____월 _____일 _____는 충실했던
내 삶의 일부분을 자서전이라는 형식을 통해 정리해 나가고자
합니다.

PART 1. 자서전은 처음이에요

신이 우리가 어쩌면 이룰 수도 있었을
모든 일과 우리가 허비해 버린 모든
재능을 우리에게 보여줄 때, 지옥은
시작된다. 내게 지옥의 의미는 <너무
늦었어>라는 두 단어에 담겨있다.
진 카를로 메노티

1. 자서전에 대해서 알고 싶어요

자서전을 쓰기 위해 이 책을 집어 든 당신께 우선 경의를 표하는 바입니다!

약간 관심이 있어 집어 들긴 했지만, 쓸건 아니라고요??

"OH, NO! "

우리나라는 겸손이 미덕으로 여겨지는 동방의 예의지국입니다. 그래서인지, 자서전을 쓰세요! 라고 권유를 하면 한결같이 '뭐, 대단한 인생 살았다고 자서전씩이나 써?'라는 반응들이 주를 이루고 있습니다.

과연, 그럴까요?

엄마의 좁은 배속에서 10달 동안 고생하고, 태어나자마자 엉덩이 얻어맞은 채, 멀건 우유만 받아먹어도 좋다고 웃은 날이 몇 년, 매일 같이 축축한 기저귀에 엉덩이 발진은 기본으로 달고 살아도 어른들을 위해 방긋거리며 웃어줘야 되고, 동생이라도 태어나는 날에는 찬밥으로 전락한 가련한 신세.

이제 어느 정도 성장했으니 나가서 너 밥벌이라도 하라며 등 떠밀려 나의 청춘을 담보삼아 뼈 빠지게 일해도 저 혼자 큰 줄 아는 자식 놈은 그런 나의 노고를 아는지 모르는지, 귓등으로만 내 이야기를 들으려 하니……

휴, 이다지도 힘겨운 한 세상!

이것만이 당신의 인생이었나요? 절대 그렇지 않습니다!!

곱게 쪽진 내 어머니의 오랜 진통 끝에 우리 집안의 복덩이로 금줄 엮어 축하받으며 태어난 나! 나로 인해 온 가족에게 웃음꽃을 선사하고, 부모님을 위해 착한 자식이 되기 위해 순종도 했고, 내 가족과 가정을 지키기 위해 청춘을 다 바쳐 밤낮으로 뛰어 다녔습니다. 과연 이것이 별 것 아닌 인생인가요?

당신의 인생은 위대합니다. 그 위대한 당신의 인생을 후손들과 나눠보세요!

🍎 자서전은 어떻게 정의할 수 있을까요?

자서전은 한 실제 인물이 자신의 개인적인 이야기를 글로 풀어내는 과정을 통해서, 자아의 정체성을 확립해 가는 과정이라고 정의할 수 있습니다. 여러분은 이제 태어나 처음으로 내면의 실타래를 풀어가게 될 것입니다. 남에게 하소연하듯이 쏟아내는 한스러운 외마디가 아닌, 내가 감히 꺼내지도 못하고 묻어 두어야만 했던 저 깊은 곳의 단지를 열 때입니다. 세상이 변해 콜럼버스가 신대륙을 발견하고, 저 머나먼 우주까지 날아가는 시대가 됐지만, 나를 찾아 떠나는 여행은 아직까지 소원하기만 합니다. 바쁜 일상에서 두 눈을 감고, 나만의 길을 더듬어 찾아가 보세요. 자서전은 위대한 사람들만이 쓰는 것이 아닙니다. 내게 주어진 삶을 열심히 살아오신 여러분들의 삶 자체가 위대한 것입니다.

하지만, 여러분들의 다부진 결의도 주위의 탐탁해 하지 않는 반응으로 인해 이내 사르러드는 경우가 많이 있습니다. 저희 자서전반의 한 분도 주위 분들에게 자서전을 쓴다고 했더니, '자랑할 게 그렇게 많아?'라는 말에 속이 상했다는 이야기를 들은 적이 있습니다.

왜 사람들은 이런 반응을 보이는 걸까요? 이런 반응은 우리 사회에 자서전이 많지 않다는 사실과도 맥을 같이 하고 있는데요. 그것은 바로 우리사회의 뿌리 깊은 집단적 유교의식에서 비롯된다고 볼 수 있습니다. 서구사회와 달리 우리 사회는 아직까지도 침묵을 강요하며, 남보다 튀면 사회에 적응 못하는 어딘가 좀 유별난 사람으로 치부하고 있습니다. 이런 사회적 분위기는 전체조직에 자신을 맞춘 채 자기에 대한 표현을 억누를 수밖에 없는 결과를 가져옵니다.

🍎 그렇다면 사람들은 왜 자서전을 쓰는 걸까요?

어린 시절 재미있게 읽었던 동화 중에 '임금님 귀는 당나귀 귀'라는 동화를 기억하시나요? 임금님 귀에 대한 진실을 말하지 못하게 하자, 이발사가 산에 올라가 땅에 구멍을 파고 자신이 알고 있는 진실을 말한다는 내용의 동화입니다. 자서전에 관한 이야기를 하다가 갑자기 웬 당나귀 타령이냐고요? 바로 우리 인간들이 가지고 있는 고백의 욕구의 한 단면을 잘 대변해 주고 있기 때문입니다.

우리들의 마음속에 갈등이 자리 잡고 있을 때 누군가에게 이야기를 하면 어느 정도 해소되는 것을 경험하셨을 텐데요. 그것은 타인을 내 갈등의 한 축으로 끌어들인 후, 고백이라는 과정을 통해 타인으로부터 긍정적인 반응을 이끌어낸 결과입니다.

갈등 속에서 중심을 못 잡고 헤매일 때 우리 인간들은 내면의 고백이라는 과정을 통해 긍정적인 면을 적극적으로 형성하려고 하기 때문인데요, 우리들은 타자와의 불안한 관계 속에서 자신의 이미지를 형성하고 있기 때문에, 그 불안정한 관계에서 고백이라는 형식은 외부의 평가와는 구별되는 바로, 인간의 내적인 진실을 선명히 드러낼 수 있는 수단이기 때문입니다. 결국 고백해야 한다는 욕구는 죄의식에 다름 아니며, 자서전 글쓰기에 존재하는 죄의식은 심리학적으로 말하자면, 초

자아의 검열에 대한 의식을 말하고 있습니다. 결국은 인간의 존재론적 불안 그 자체입니다. 고백해야 하는 내용은, 어째서 다른 나에서 '지금의 나'가 되었는가이며, 고백의 목적은 그에 대해 독자를 설득함으로써 나 자신을 설득하는 것입니다. 타인의 인정은 곧 자기긍정을 자겨오며, 자기긍정은 곧 타인의 인정인 것입니다.[1]

두 번째, 인간은 마지막을 향해 달리는 불나방과 같이 덧없고 유한한 존재이기 때문이죠. 끝을 향해 달려가면서도 무한하기를 바라는 인간들의 나약함은 존재에 대한 부정과, 그로 인해 과거에 집착하는 어리석음을 범하고 맙니다. 과거의 기억 속에서 잔뜩 웅크린 채 한 발짝도 움직이지 못한 채 말이죠. 그렇다고, 당신의 과거가 아무 의미 없이 내팽개쳐져야 될 것은 아닙니다. 우리들은 지난 과거를 돌이켜 현재의 나를 재정립할 수 있어야 합니다. 과거를 관망하고 미래의 내 모습을 바로 세울 수 있는 사람만이 과거의 어두움을 그림자가 아닌 빛으로 밝힐 수 있습니다.

혹, 당신의 과거는 어떤 모습인가요?

세 번째, 흐르는 시간 속에서 자아의 정체성을 확립해 나가려는 욕구의 표출입니다. '나는 누구인가?'라는 질문은 '나는 어떤 존재가 되어야 하는가'라는 질문과 불가분의 관계에 놓여 있다고 할 수 있습니다. 자서전쓰기의 목적은 바로 정체성과 인격을 만들어 가는 과정과 불가분의 관계에 놓여 있다고 할 것입니다.[2]

자서전을 쓴다는 것은 단순한 글쓰기가 아닙니다. 그동안 잊고 살았던 진정한 나를 찾는 조우의 장이 되어야 합니다. 우리 인간들은 스스로가 쳐 놓은 덫에 걸려 버둥거리며 시간이라는 노예로 바삐 살아가고 있습니다. 그러다 어느 순간 정신을 차려 보면, 당신의 그 자리에는 '퇴색'만이 존재할 지도 모르겠습니다. 당신의 그 자리는 영원의 자리가 될 수 없습니다.

여러분은 지금 어디에 서 계십니까?

🍎 내가 쓴 자서전은 사회적으로 어떤 특성을 가지고 있나요?

여러분들이 자서전을 쓰게 된다면, 그것은 결국 내 주변의 이야기를 담게 될 것입니다. 그렇다면, 여러분들의 자서전은 바로 그 시대를 보여주는 생생한 현장의 소리가 될 수 있습니다. 이처럼 자서전은 한 시대를 살아가는 개인의 목소리를 담기 때문에 사회의 변화와 역사의 흐름을 관망하게 해주는 특성을 가지고 있습니다. 내가 쓰는 한편의 자서전에 이처럼 큰 특징이 있을 줄은 쓰는 이 순간에도 알아차릴 수 없었을 겁니다. 그 세월을 넘어 다른 세대로부터 당신의 글이 읽혀지는 순간, 당신의 시선이 머문 곳이 바로 그들에게는 과거의 바로 미터가 되기 때문이죠.

예를 들어 김구의 '백범일지'를 읽으면서 우리는 그 당시의 정치적으로 혼미했던 임시정부시절의 모습을 상상할 수 있고,

지은이의 광복투쟁사를 통해 민중들의 광복에 대한 열망의 소리를 들을 수 있는 소중한 자료로 삼을 수 있다는 얘기입니다. 얼마 전 발간되어 커다란 반향을 불러일으킨 전 미국 대통령 클린턴의 자서전 '나의 인생'을 통해 클린턴의 눈에 비친 미국의 사회와 경제 그리고 백악관의 모습을 우리들은 간접적인 지식으로 알아 가게 됩니다. 여러분들이 지금의 모습을 쓰게 된다면 후손들은 21세기의 대한민국에서 살아가는 뉴 실버 세대의 당당한 모습을 엿볼 수 있게 되는 것입니다.

두 번째, 교육적인 면을 들 수 있습니다. 여러분들이 쓴 자서전은 당신의 후손들에게 세상을 어떻게 살아가야 되는 건지, 세상 어려움에는 어떻게 대처해 나가야 할지에 대한 좋은 나침반이 될 수 있습니다. 유명한 미국의 프랭클린 자서전은 아버지가 아들에게 자신의 생애를 알려주는 편지 형식으로 19년에 걸쳐 집필을 한 것입니다. 아무리 내게 주어진 상황이 어려워도 철저한 자기관리와 시간관리를 한다면 성공적인 인생으로 이끌 수 있다는 내용으로 지금도 전 세계의 청년들에게 영향력을 끼치는 글입니다. 또한 간디의 자서전은 20세기 인도의 식민지 역사 속에서 무폭력 저항운동이라는 삶의 역경을 통해 인간에 대한 무한한 사랑과 청빈, 금욕을 통해 인간의 정신을 일깨운 고전으로 평가받고 있습니다.

세 번째, 가장 중요한 것은 가족을 위한 놀라운 유산을 남길 수 있다는 것입니다. 어떤 물질적인 유산보다도 나의 생을 가족들에게 보여줄 수 있다는 그것만으로도 충분히 빛나는 선물이 될 수 있습니다. 여러분은 어떤 유산을 준비하셨습니까? 누구의 어머니, 누구의 아버지가 아닌 순수한 당신의 모습, 있는 그대로를 후손에게 보여 줄 수 있다는 것은 경이로운 일입니다. 이것이 바로 자서전을 쓰는 놀라운 이유 중의 하나입니다.

'평범한 나의 일상은 한 장의 사진을 통해서도 보여주기가 가능한데, 굳이 글로 쓰여 진다는 것에 이렇게 많은 의미를 부여해도 되는 걸까?' 라는 의문점이 들 수도 있습니다. 어느 외국 학자에 의하면, 자신을 주제로 한 글쓰기에는 그 과정에서 인지기능보다 훨씬 더 많은 것을 수집한다고 합니다. 문제를 인식·분석하고, 구성요소들로 나누고 요소들을 분류, 그들 사이의 인과 관계를 밝혀내고, 분석된 내용을 다시금 전체와의 연관 속에서 고찰하는 과정을 거치기 때문에 자신에 대한 글쓰기는 경험을 논하고 이해하는데 강력한 도구가 될 수 있습니다. 이는 바로 자신이 누구며, 어떻게 느끼고, 무엇을 하는지에 대해 예민하고 정확하게 생각하는 법을 알게 된다는 것이죠.

이러한 과정을 통해 나온 글에는 예전과는 다른 자신과 가족·이웃에 대한 사랑이 새롭게 표출되기 때문에 이전과는 다른 나의 모습이 드러나게 됩니다. 자서전 반에 참여하신 분들은 과연 그럴까라는 의구심에서 자서전을 시작합니다. 글을 쓰기 시작해 어느덧 나만의 자서전을 완성하게 되고, 드디어 마지막 발표의 시간을 가지게 되면 서서히 입술이 타는 듯 하고, 목이 메어 오면서 뜨거워지는 눈시울을 발견하게 됩니다.

그 고귀한 모습을 보면서 이 땅위의 모든 어머님 아버님들은 가족을 위해서라도, 그리고 자신을 위로하기 위해서라도 놀라운 유산의 기록은 반드시 이뤄져야 합니다.

2. 노년에는 자서전이 '딱!'이다

'인생 60부터' '노년은 아름답다' '여러분도 할 수 있습니다' 등등.

우리 주변에서 노년을 찬양하는 글들은 참 많이 있습니다. 하지만, 이 세상의 아름답고 긍정적인 표현들을 수없이 접해보아도, 나이가 든다는 것이 썩 좋은 일만은 아닐 것입니다. 돋보기를 쓴 채 거울을 들여다보는 게 싫어질 만큼 나의 외모는 많이 변했고, 늘어난 주름을 손으로 당겨보는 일이 잦아진 일상입니다. 옛 성현의 말씀과 같이 하늘의 뜻을 아는 나이가 되었지만 오히려, 하늘의 뜻을 알기보다는 세상 무서운 줄 모르고 날뛰던 시절이 그립기까지 한 때입니다.

우리나라에는 세계적인 자랑거리인 휴대폰과 반도체처럼, 세계적으로도 유례를 찾아보기 힘든 빠른 노령화 사회로 진입한 기록이 있습니다. 2004년 65세 이상 노인인구가 전체인구의 8%를 넘어섰고, 앞으로 노인인구의 증가폭은 더욱 커질 것으로 예상하고 있습니다. 하지만, 이러한 노인인구의 증가와는 별도로 우리사회의 노인에 대한 이미지는 전통과 현대사이의 모호한 상태에서 멈춰져 있습니다. 노년에 관련된 한 외국 연구에 의하면, 노인인구는 급속히 증가하고 있는데, 노인들의 내적인 변화를 수용해야 할 사회구조가 그 기능을 다 하지 못하고 지체된 현실을 꼬집고 있습니다. 이러한 현상은 선진국보다는 급속한 고령화 속도를 보이고 있는 개발국들에서 현저하게 나타난다고 합니다.

군이 외국학자의 의견을 들지 않아도 우리 주변의 노년의 모습에서 사회적으로 명확한 노년기 역할을 제공받지 못한 '역할 없는 역할'이나 혼재된 노년기 연령규범으로 인한 '역할 갈등'에 인한 어려움은 도처에서 쉽게 찾아 볼 수 있습니다.

🍎 한국사회 노인들의 시대별 생애경로[3]

노인 인구비율								7.1%	10.7%	14.2%	
\ 연도 출생연대	1930	1940	1950	1960	1970	1980	1990	2000	2010	2020	2030
1920년대 출생	10대	20대	30대	40대	50대	60대	70대	80대	90대		
1930년대 출생		10대	20대	30대	40대	50대	60대	70대	80대	90대	
1940년대 출생			10대	20대	30대	40대	50대	60대	70대	80대	90대
1950년대 출생				10대	20대	30대	40대	50대	60대	70대	80대
1960년대 출생					10대	20대	30대	40대	50대	60대	70대
1970년대 출생						10대	20대	30대	40대	50대	60대
1980년대 출생							10대	20대	30대	40대	50대

위의 표는 한국사회 노인들을 시대별로 연령집단의 생애경로를 표시한 것입니다. 생애사적 관점에서 살펴봤을 때, 2000년~2009년 사이의 70세 이상 노인들은 일제 강점기에 어린 시절을 보내고 해방과 6.25전쟁이라는 시대적 혼란기에 가족을 이루었고, 60년대와 70년대 전쟁의 폐허 속에서 출발한 한국의 초기 산업화시기에 허리띠를 졸라매고 가족을 위해 자신들의 삶을 희생한 집단입니다.

하지만, 머지않아 노인층에서도 생각과 행동을 포함한 전반적인 삶의 형태가 기존의 노인들과는 다른 신세대 노인들이 생겨날 것입니다. 1950년~1960년대 초반에 출생한 세대들 즉, 베이비 부머들은 전후 세대로서 전쟁에 대한 직접적인 경험이 없고, 한국사회가 산업화와 도시화 과정을 거치면서 경제가 고속 성장을 하고 있을 1970년대에 유년기와 청소년기를 보냈으며, 이전 세대보다 교육의 혜택을 많이 받아 교육수준이 평균적으로 높고, 서구 문화에 직접적으로 노출되어 온 집단입니다. 핵가족화가 구조적으로 진전되었던 70·80년대에 자신의 가정들을 꾸리기 시작했던 세대들이기 때문에 가족주의적인 사고방식에서 어느 정도 자유로운 세대입니다.

여러분들은 지금 어느 단계에 도착해있나요?
그리고 여러분들의 역할은 어디까지인가요?

노년기에는 예전과 달리 많은 역할의 상실이 현실로 다가오게 됩니다. 가장 큰 것이 은퇴를 통한 사회적 역할의 상실과 그로 인한 경제력의 상실입니다. 자녀들이 성장하게 되면서 부모로서의 역할도 점점 더 줄어들게 되고, 자녀들에게 경제적인 면까지 의지해야 되는 때가 코앞으로 다가오고 있는 이때. 지천명(地天命)과 이순(耳順)을 알지만, 점점 나약해지는 나 자신을 토닥이기에는 역부족이기 마련입니다. 이때가 바로 나 자신을 위로할 수 있는 자존감의 향상과 개인의 역량을 재확인할 수 있는 자서전쓰기가 수행되어야 할 때입니다. 나의 젊은 시절, 잘 나가던 때를 회상하고 그 시절 가족과 나라를 위해 애썼던 여러분들의 노고를 정리해 보고, 스스로를 칭찬해 보세요. 6.25전쟁이라는 시대적 혼란기와 1960년대와 70년대, 전쟁의 폐허 속에서 출발한 한국의 초기 산업화시기에 허리띠를 졸라매고 가족을 위해 자신들의 삶을 희생한 여러분들의 인생은 남다르기 때문입니다.

둘째, 우리의 인생은 앞으로 계속되기 때문입니다. 정년퇴직을 하고 어느새 나이가 60고개로 들어선다고 해서, 그 순간 우리의 삶이 신호등의 빨간불처럼 멈춰버리는 것은 아니기 때문이죠. 우리는 과거와의 끊임없는 대화를 통해 현재를 살아가고, 미래를 펼쳐나갈 힘을 얻습니다. 과거는 한낱 잊혀지는 바람이 아닙니다. 현재와 미래에 끊임없이 영향력을 끼칠 수 있는 유기적 현상이라는 것을 기억하세요.

미국에서 성공한 기업인들과 보통의 사람들이 어떻게 다른지 살펴본 결과 특이한 점을 발견했는데, 그것은 하나같이 행동으로 옮기기 전 목표를 설정하고 계획을 세우는 일에 충분한 시간을 할애했다는 것입니다.4) 이제 우리의 인생은 예전과는 달라야 합니다. 앞만 바라보고 달려온 인생에서 과거와 현재, 미래를 정리할 여유를 가져야 될 때이기 때문입니다. 바로 자서전이 여러분 인생의 여유와 정리할 수 있는 길을 안내해 드릴 것입니다.

셋째, 나를 나답게 만드는 과정입니다. 자서전을 쓰는 과정을 통해 자연스럽게 과거를 회상하게 되고, 그 과거의 모습을 통해 지금의 나를 관조할 수 있게 됩니다. 이 과정에서 필연

적으로 예전에 겪었던 문제들을 회상하게 되는데, 그러면서 문제의 해결방법에 대해 곰곰이 따져보게 됩니다. 그 문제의 접근법은 올바른 것이었는지, 그 문제를 야기한 원인은 무엇이었는지 등등, 그 당시에는 알지 못했던 상황의 본질을 깨닫는 귀중한 순간이 당신에게 주어질 테니까요.

내가 태어나게 되면서, 나의 생일과 이름을 가지고 살아가지만, 세상 속에서 진정한 나의 모습은 어느새 사라지고, 타인의 요구에 맞춰진 약간은 구겨지고 씁쓸해진 나의 인생을 발견하게 됩니다.

여러분은 어떤 모습인가요?
나다운 모습인가요?

만약 그렇지 않다면, 자서전쓰기를 통해 여러분의 진실한 모습을 찾으시길 바랍니다.

PART 2. 자서전, 어떻게 시작해야 되죠?

당신은 당신의 믿음만큼 젊어지며
당신의 의심만큼 늙어간다.
더글러스 맥아더

공부하는 데는 왕도가 없다지만, 자서전쓰기에는 왕도가 있습니다!

자서전쓰기에 관심이 있어 여기까지 왔지만, 대체 어떻게 시작해야 될지 막막하실 겁니다. 자서전반을 지도해 봐도 가장 많이 듣게 되는 말 중의 하나이기도 하니까요.

🍎 어떻게 시작해야 되죠?

가장 먼저 할 일은 과거를 돌이켜 보는 일입니다. 나의 마음속에 품어 왔던 추억들을 새롭고 신선한 눈으로 바라보세요. 예전부터 알아온 식상한 일이 아니라, 지금의 내 자리에서 바라보는 전혀 색다르고 차원이 다른 추억으로 바라봐야 합니다. 그리고 읽는 이들을 약간은 배려해 주세요. 그들을 위해서 짧게 소개하는 수준에서 그치지 말고, 당신만이 느끼는 영감과 다양한 생존의 전략들을 나눠 보도록 하는 겁니다. 또한 여러분의 글에는 그들을 웃고, 울릴 수 있는 다양한 소재를 찾아서 글의 역동성을 제시해야 합니다. 그러기 위해서라도 여러분들의 추억은 새로워져야만 합니다.

30

🍎 어떤 식으로 써야 하나요?

그건 당신의 결정에 달렸습니다. 첫 번째, 내 인생 전체의 삶을 모두 다 쓸 것인지, 아니면 두 번째, 특별한 사건 위주로 쓸 것인지 구성에 대한 결정입니다. 내가 살아온 전체의 삶을 다 쓰겠다고 결심을 했다면 Part 3의 연대기표 작성에 더 유념을 하셔야 됩니다. 시간의 흐름에 따라 자연스럽게 기술해 나가는 연대기 방식은 가장 손쉽게 접근할 수 있다는 장점 때문에, 많은 분들이 선호하는 방법입니다. 하지만, 이 방식은 자칫 지루해 질 수 있다는 단점 또한 가지고 있습니다. 태어나서부터 지금까지의 일들을 모두 다 적어내기 때문에, 읽는 이들에게는 단조로운 느낌을 줄 수도 있기 때문입니다. 이런 단조로움을 피하기 위해서라도 여러분들은 많은 자료를 확보해 놓아야 합니다. ➲ 자료에 대해서는 Part 3의 연대기 자료 찾기를 참고하세요.

다락에 던져 놓고 까맣게 잊고 있었던 나만의 보물 상자, 촌스럽게 찍힌 가족사진, 그 당시 내가 받았던 편지, 성적표 등, 그에 얽힌 재미났던 일화들을 많이 모아서 여러분들의 글에 활기를 더하세요.

두 번째, 특별한 사건 위주의 글쓰기가 있습니다. 이것은 길게 나열된 연대기순 방식과는 달리, 가장 부각하고 싶은 주제 중심으로 쓰는 방식입니다. 가령 예를 들면, 내 인생에서 가장 화려했던 날이나, 끔찍했던 일, 잊을 수 없는 감격의 날 등을 자세하게 써 내려 가는 겁니다.

✋ 여기서 잠깐! 괜한 걱정

'자세하게' 라는 단어에 주의하세요!

자세하게: 아주 작고 하찮은 부분까지 구체적이고 분명하다의 뜻을 가진 형용사.

 특별한 사건 위주의 글쓰기는 자세한 글쓰기가 되어야 합니다. 그것은 그 사건이 내 인생에서 왜 중요한 의미를 가지는 지 읽는 이를 설득할 수 있어야 한다는 말입니다. 그러기 위해서는 마치 내가 영화감독이 된 듯 추억의 장치들을 곳곳에 배치해야만 읽는 이와 같은 공감대를 형성할 수 있습니다. 자, 그럼 한 번 따라가 볼까요?

➤ 왜 그런 일이 발생했을까?

➤ 그 사건이 내게 중요한 이유는 뭘까?

➤ 그때 상대방은 어떤 행동을 하고 있었을까?

➤ 그 행동에 이어진 나의 반응은 어떤 것이었나?

➤ 난 어떤 생각으로 그 자리에 있었나?

➤ 상대방은 그 상황을 어떻게 느꼈을까?

➤ 그 자리에는 어떤 기운이 감돌았나?

그 순간을 회상하는 것도 머리에 쥐가 날 것 같은데, 상대방의 행동과 어떤 생각을 가지고 있었는지까지 적는 다는 것이 쉬운 일은 아닙니다. 하지만, 그 장면을 떠올리며 인물별로 느꼈을 욕구를 적어가다 보면, 예상외의 보물들을 건질 수 있는데요, 어떤 이유로 그 사람이 그런 행동을 했었는지, 그 행동이 나중에 어떤 모습으로 반영되었는지를 다시 생각하게 됩니다. 그에 반해 나의 행동은 합당한 모습인가를 돌아보고 반성할 수 있는 기회 또한 가질 수 있게 됩니다. 그러면서 앞으로의 행동은 좀 더 책임감 있게 해야겠다는 방향으로 사고할 수 있게 되고, 그 상황에 대한 새로운 해석도 가능하게 됩니다.

자신의 글쓰기에 대한 외국 학자의 의견으로는 그런 글쓰기를 통하여 개인은 자신이 어떤 일을 가치 있게 여기며, 어떤 이유로 그런 행동을 하고 있는지, 그 행동이 앞으로의 대인 관계에 어떤 영향을 미칠 것인지에 대한 통합적인 사고를 하게 된다고 합니다. 통합적인 사고는 미래에 대한 긍정성으로 발전하여 미래의 삶을 적극적으로 헤쳐 나갈 수 있게 하고, 또한 미래에 대한 적극성은 앞으로 다가올 불안정한 삶에 대한 성공적인 적응을 약속하기도 합니다. 그리고 마음의 평정·자아 통합감·지혜 등의 치료적 효과까지도 기대할 수 있습니다.

자서전쓰기의 이론적인 면과 함께 우리들에게 필요한 자서전의 대 전제에 대해 알아볼까요?

1. 잘 쓰려고 애쓰지 말자

우리 모두는 전문적 작가가 아닙니다. 그렇기 때문에 그들처럼 화려한 수사의 글들을 쓰지 못한다고 자책하지 마세요. 자서전쓰기 반을 지도할 때 가장 많이 듣는 말이 '머리가 지끈거려요' 입니다.

왜, 한결같이 머리가 지끈거릴까요?

그건 바로 어렸을 때부터 글을 쓴다고 하면, 뭔가 폼 나게 써야 한다는 강박관념 때문입니다. 여러분들은 그럴 필요가 없습니다. 왜냐하면 우리 모두는 평범한 보통사람이기 때문이죠. 나 자신이 전문 소설가가 아니라는 점에 일단 감사하며, 공책을 꺼내 드세요. ☞ 공책이 아닌, 일반 낱장의 종이에는 되도록 쓰지 마세요. 낱장에는 연속적인 글의 쓰임에 어려움이 있기 때문입니다. 그리고 펜을 드세요!

그런 다음 심호흡 한 번. 후!~

머리 한 쪽 귀퉁이에서 몽골몽골 피어오르는 장면을 무작정 적어보세요. 빠르게요. 절대로 시간낭비 하지 마세요. 잘 써보겠다고요, 그리고 명심하세요.

우리 모두는 전문 작가가 아니라는 점을!!

2. 나만의 글로 쓰기!

　다른 사람이 아닌 당신의 글로 적어보세요. 유명한 작가들의 문체를 그대로 흉내 내는 글이 아니라, 어린 시절 무수히 많은 별들 중에서 내 별만은 콕 찍어낼 줄 알았던 그 때의 순수함으로 당신만의 별을 보여주는 겁니다. 다소 촌스럽고 어색한 부분이 있을 수 있습니다. 하지만 그 속에 당신만의 보물이 숨겨 있다면, 결코 촌스럽지 않습니다. 유명한 작가의 글처럼 화려한 필체의 글들이 보기에 좋을 수도 있습니다. 하지만, 당신만의 느낌으로 써 내려간 글은 읽는 이들에게는 또 다른 매력으로 다가설 수도 있습니다. 그러기 위해서는 당신의 이야기 속에 다른 사람들이 알지 못하는 나만의 보물 등을 살짝 공개하는 등, 나를 알릴 수 있는 다양한 방법들을 찾아내는 일도 게을리 하지 마세요.

3. 솔직한 나의 감정 나타내기

만약, 여러분들의 책이 출간된다면, 어떤 소망을 갖게 될까요? 아마도 그건, 소수의 작은 사람들이라도 당신의 글을 읽고 감동받길 원하지 않을까요? 여러분들이 진정 그렇게 되길 원한다면, 여러분의 글에는 솔직한 자신의 감정이 나타나야 합니다. 일상의 평범함 속에서 부대끼며 느껴왔던 다양한 감정의 표출이 여러분들의 자서전을 위대하게 할 수 있습니다. 우리들은 자서전을 쓴다고 하면서도 정작 마음속 깊은 곳의 감정은 건드리고 싶어 하지 않습니다.

어떤 경우는, 온통 집안의 자랑으로 도배된 글들이 있습니다. 이런 글들은 길거리의 간판보다 더 의미 없는 글일지 모르겠습니다. 자서전은 바로 다른 누구도 아닌, 나 자신을 위한 글이 되어야 합니다. 그러기 위해서는 과장하지 말고 있는 그대로, 자기의 감정을 솔직히 드러내는 것이 무엇보다 중요한 일이 될 것입니다.

아래에 제시할 글은 '솔직해지기'가 글 전반에 어떤 영향을 끼치는지 보여주는 좋은 예가 될 것입니다.

⑪   ⑪

　아버지와 어머니, 그리고 다섯 남매의 다복함속에서 나는
별 어려움 없이 말 잘 듣는 첫째 딸로 곱게 자라났다. 집안은
대대로 땅 부자였고, 아버지는 그 도시에서도 알아주는 유지
여서, 어디를 가더라도 존경받는 인물이셨다.
　나는 아버지의 영향인지 집안 내력인지 달변의 기질이 있
어, 학교에 가면 항상 아이들이 내 주변을 맴돌았고, 선생님
들 사이에서도 공부 잘하고 착한 아이로 인정받은 모범적인
학교생활을 해 나갔다. 그런 가운데, 시간은 흘러 고등학교를
졸업할 때 전교에서 가장 우수한 아이로 전교생들 대표로 모
범상을 타는 영광까지 안게 되었다.

⑪   ⑪

　위의 글을 읽은 느낌이 어떠세요? 혹 당신도 이런 느낌의
글을 준비하지는 않았나요? 이런 글은 생동감이 없는 죽은 글
입니다. 읽는 이로 하여금 어떠한 감동도 주지 못한 채 더 읽
어 볼 필요도 느끼지 못하게 하는 지루한 글일 뿐입니다.
　자서전반을 진행하다 보니 각 계층의 많은 분들을 접하게
되는데요. 그러면서 그 분들의 성격과 취향을 자연스럽게 알
아가게 됩니다. 하지만 간혹 어떤 분의 돌출행동은 도무지 이
해가 되지 않을 때가 있습니다. 그런 생각을 갖고 있던 차에
그분의 자서전을 읽게 되면서 그 분의 마음과 그런 행동들의
근원을 알게 된 일이 있었습니다. 그 분은 중년의 나이를 훌

쩍 넘기신 남자분이셨는데, 겉으로 보여지는 모습은 사회적으로도 성공하고 자식도 남부럽지 않게 키워 놓은 당당한 노년의 모습이었습니다. 그러나 부인의 정신 병력으로 인해 딸과의 끝없는 불화가 일어났고, 그로 인해 딸은 자살까지 기도하는 지경에까지 이르렀습니다. 위와 같은 내용의 글을 읽고 반 전체는 심한 충격에 빠진 듯 순간 조용해졌습니다. 그러다 얼마 후, 그 분을 공감하고 이해하는 분위기가 반 전체에 스며들었습니다. 처음 시작은 남남으로 만난 인연이었지만, 그 글로 인해 우리는 서서히 그분의 마음을 이해하고, 아픔까지도 함께 나누고자 노력하는 모임이 되었습니다.

또 다른 시간에 한 60대의 여성분은 평생 자신을 괴롭힌 남편의 외도와 치매에 걸리신 시어른의 병간호, 그리고 재산문제로 겪어야 했던 고통의 날들과 울분을 이야기했습니다. 그분은 인생 전반을 옭아맨 고통에 대해서 글로 풀어내는 것이 쉽지는 않았다고 합니다. 하지만, 글을 쓰면서 울고 있는 자신을 위로하고, 누군가에게 한 번은 꼭 이야기하고 싶었던 것을 종이위에 표현하게 된 것에 대해 감사한다는 말씀을 하셨습니다.

솔직하게 자신을 드러내는 일을 두려워하지 마세요! 일단 써보세요. 솔직하게. 그리고 기억하세요! 당신의 솔직함만이 후손들과의 거리를 좁힐 수 있는 열쇠라는 것을요.

4. 삶의 지혜를 나누자

당신의 인생을 지탱하는 삶의 방식은 무엇입니까? 인생의 큰 산을 넘고 파도를 헤치면서, 이만하면 내 후손에게도 부끄럽지 않은 삶을 살았다고, 말할 수 있는 나만의 열정을 나눠주세요. 그들에게 당신이 어떤 어려움 속에서도 꿋꿋이 나만의 길을 걸어왔던 그 숨 가빴던 생의 한 토막을 들려주는 것도 굉장히 의미 있는 일로 기억될 것입니다.

일례로, 프랭클린 자서전의 처음은 '사랑하는 아들에게'로 시작하고 있습니다. 그리고 프랭클린 자신의 삶을 성공으로 이끈 인생의 섭리에 대해 겸허하게 고백하면서, 본인이 체득한 13가지의 유명한 규율을 제시하고 있습니다. 절제, 침묵, 정돈, 결단, 검소함, 근면, 겸손 등. 여러분들도 후손들에게 인생을 살아가는 데 도움이 될 만한 나만의 방식을 나눠주세요.

하지만 그들에게 너무 당신의 방식을 고집하지는 마세요!

5. 약간의 유머는 필수

자서전이라는 딱딱한 주제로 인해 많은 분들이 무거운 내용의 글을 싣는 경우가 많이 있습니다. 그러다 보니, 글을 쓰는 것이 즐겁지가 않고, 쓴다는 것이 고역으로 느껴질 때도 있습니다. 하지만 우리네 인생이 힘든 것도 사실이지만, 나를 미소 짓게 했던 때도 분명히 있었을 겁니다. 그 아름다웠던 순간을 포착하세요. 그리고 우리 후손들에게도 그 미소를 선물해 주세요. 어떤 일이 내게 웃음을 주었는지 다시 생각해 보는 흐뭇한 시간도 가지시구요!

6. 그때로 돌아갈래!

그때 내 방에 있던 어항 속에는 금붕어가 몇 마리나 있었지? 우리 동네 공터에는 큰 감나무가 있었나? 아니면 사과나무가 있었나? 우리 형이 다니던 학교의 정문은 무슨 색이었나?

이렇듯 나의 글을 읽는 이들에게 약간의 친절을 베푸세요. 그들과 내가 서로 공감할 수 있도록 그때 그 장면을 묘사해 내듯이 쭉 펼쳐 보여주세요. 어떠세요? 기억 속 과거라는 공간에 색을 더하니, 도화지속의 멋진 그림이 펼쳐지듯 생동감을 더하고 있죠! 이렇듯 세밀한 묘사로 그려진 여러분들의 과거는 읽는 이들에겐 무수한 상상의 꺼리로 남겨지게 될 것입니다.

자 그럼 떠나기 전 준비물을 챙겨볼까요?

필기구, 공책, 기억을 떠올리기 위한 약간의 물건들. 그리고 당신의 열려진 마음까지. 준비가 다 된 것 같은데, 떠나볼까요?

🖐 여기서 잠깐! 괜한 걱정

비밀은 까마귀처럼 잊어주자! 쭈욱~

자서전반을 지도할 때 우려하는 것 중의 하나가 대전제 3의 '솔직해지기'라는 명제입니다. 자서전쓰기는 기본적으로 자신을 드러낸다는 전제 하에 쓰여 지는 글이다 보니, 남들에게 나를 얼마만큼 보여줘야 되는지에 대한 갈등으로, 중도에서 그만 두는 분들이 많이 있습니다. 하지만 자서전반을 진행해 본 결과, 어느 정도의 자기 노출은 본인뿐만 아니라, 상대와의 관계를 발전시킬 수 있는 긍정적인 면이 더 많다는 것을 알게 되었습니다. 그것은 바로 인간은 자기를 타인에게 노출함으로써 얻게 되는 경험을 통해 참 자기를 접촉하게 되며, 그런 경험을 통해 자기 자신의 운명을 더 잘 이끌어 갈 수 있다는 것과 일치하는 결과입니다.[5]

하지만 살짝만 건드려도 너무나 괴로웠던 기억까지 억지로 꺼내지 마세요! 노출의 정도는 당신만이 조절할 수 있는 영역이라는 것을 기억하세요. 그리고 자서전반의 하이라이트인 '발표하기'시간 때 들은 내용들은 그 자리에서 잊어준다는 서로 간의 약속 또한 아주 중요한 부분일 것입니다. 당신의 동의가 자서전 쓰기를 주저하는 많은 분들에게 위안이 될 수 있으니까요.

PART 3. 나를 찾아 떠나는 여행! 떠나볼까!

발걸음을 위한 진정한 여행은
새로운 대륙을 찾는 것이
아니라 새로운 시각을
갖는 것이다
마르셀 프로스트

1. 연대기표 작성하기

일단 자서전을 쓰기로 마음먹었다면, 한 번 저질러 보는 것도 괜찮겠죠!

하지만, 무작정 쓰겠다고는 했지만, 어디서부터 시작해야 될지 막막해집니다. 내 기억의 어디에서부터 과거를 꺼내야 되는가? 또 과거의 기억은 무슨 수로 꺼내야 하는 걸까? 꺼낸 과거는 또 어떻게 연결시켜야 되는 걸까? 이 모든 껄끄러움을 한 번에 잠재울 묘안은 없는 걸까?

어린 시절 가지고 놀았던 벽돌쌓기라는 놀이를 기억하시나요? 그 벽돌쌓기처럼 태어나서부터 지금까지의 모습을 한장 한장씩 쌓아보는 겁니다. 바로 나만의 연대기를 표로 작성하는 방법입니다. 태어나서부터 지금까지의 나의 개인적 사건과 함께 집안의 대소사, 그리고 사회적 사건도 함께 적어보세요. 나의 개인적 사건과 사회적 이슈를 함께 적는 이유는 그 당시의 내가 가진 생각들을 사회적 관점에서 측정해보면, 시대적 흐름에 따라 변화해가는 모습이 내 인생에 어떤 영향을 끼쳤는지 다각적인 해석이 가능하기 때문입니다. 또 빼놓을 수 없는 사회적 이슈는 자서전의 소재를 좀 더 풍부하고 다양하게 만들 수 있다는 장점이 있습니다.

역시 연대기표를 작성할 때도 고민하지 말고, 생각나는 대로 빨리 적어봅니다. 사회적 사건의 경우에는 잘 생각이 나지 않고, 너무 어려서 무슨 일이 일어났는지 모를 수 있으니, 예전의 신문이나 일기와 같은 기록물 등을 참고하는 것도 좋은 방법입니다.

아래의 예시를 참고해서 당신만의 연대기표를 작성해 보세요.

> ✋ 여기서 잠깐! 괜한 걱정
>
> 잘 만들어진 연대기표는 자서전의 훌륭한 주춧돌 역할을 해 나갑니다. 한 번의 작성으로 끝내지 말고 자주 들여다보고, 여러 번의 손질을 통해 자서전을 쓰는데 많은 도움을 받으셨으면 합니다.

🍎 연대기표 작성하기(예제)

연도	연령	개인적 사건	사회적 사건	비 고
1948	1	출 생		
1950	3	가족 모두 피난	6.25 발발	
1953	6	여동생 출생	휴 전	
1955	8	초등학교 입학, 남동생 출생		
1960	13	산에서 놀다 크게 다침	4.19혁명	
1961	14	중학교 입학	5.16혁명	
1964	17	고등학교 입학		
1967	19	고등학교 졸업		
1971	22	경남에서 결혼생활 시작		
1972	23		10월 유신선포, 새마을운동시작	
1973	24	첫 아이 출산		

연도	연령	개인적 사건	사회적 사건	비 고
1976	26	둘째 아이 출산		
1979	29	서울 대방동으로 이사	박정희 대통령 사망	
1980	30	큰아이 초등학교 입학	광주민주화 운동	
1981	31	시동생 결혼	전두환 대통령 취임, 제5공화국	
1982	32		통금해제, 교복자율화	
1983	33	둘째 아이 초등학교 입학		
1986	36	가게보증금 사기사건; 이사		
1987	37	큰 아이 중학교 입학		
1988	38	시고모님 사망	서울 올림픽	
1990	40	둘째 아이 중학교 입학		
1991	41	큰 아이 고등학교 입학		
1993	43	잠실근처 아파트로 이사	김영삼 대통령 취임	
1994	44	둘째 아이 고등학교 입학		
1995	45	큰 아이 대학 입학		
1997	47	둘째 대학 낙방		
1998	48	시아버님 병원입원	김대중 대통령 당선	
1999	49			
2000	50		김대중 대통령 최초 노벨평화상	
2002	52		노무현 대통령 당선, 한일월드컵	

48

🍎 나만의 연대기표 작성하기

연도	연령	개인적 사건	사회적 사건	비 고

2. 연대기의 자료 찾기

태어나 처음으로 당신은 당신만의 연대기를 표로 작성해 보았습니다. 작성해 보니 어떠세요? 나의 인생인데도 그 작은 표를 채우기가 수월치 않으시죠!

기억은 선택이라는 말이 있습니다. 당신이 기억하고 있는 과거도 당신의 필요와 관심, 가치에 따라 편집된 상상의 활동일 수 있습니다. 추억을 떠올릴 때 생각나는 장면 또한, 당신의 과거가 아닌 회상으로 사용된 습관의 한 모습일지 모릅니다. 이처럼 불완전한 기억에만 의존해서 나의 자서전을 쓴다는 것은 아슬아슬한 얼음 위로 낙타가 걸어가는 형상일 수 있습니다.

여러분 머리 속의 추억이라는 장소만이 아니라, 여러분들의 옥탑다락방 한 편에 뿌연 먼지를 뒤집어쓴 하찮은 물건들을 만져보세요. 망각된 당신의 기억을 깨워줄 의미 있는 물건으로 작동되어질 것입니다.

▶ 회상하기
청년들은 미래를 먹고 살며, 나이든 사람들은 과거를 먹고 산다고 합니다. 당신이 과거를 얘기하려 들면, 자녀들은 절래 절래 고개를 내 저으며 또 지난날을 들추느냐며 핀잔을 주기 일쑤입니다. 하지만, 지금은 마음껏 과거의 기억 속으로 빠져들어도 무방합니다. 그것이 지금 여러분들에게 주어진 임무니까요! 여러분 기억의 보존년도가 얼마나 긴가에 따라 연대표의 내용은 달라질 수밖에 없습니다. 당신의 기억 속에 아름다웠던 과거가 있었나요? 서서히 표면위로 올라오는 기억들을 놓치지 말고 잡아보세요.

▶ 일 기

초등학교 때는 일기를 쓰라고 하면 왜 쓰라는 건지도 모르고 썼던 것 같습니다. 그래서 방학숙제로 내준 일기가 밀려, 한 달 치를 무려 하루 만에 해치웠던 적도 있었습니다. 세월이 지나 운 좋게 그 일기장을 다시 보게 된다면 얼마나 흐뭇할까요? 괜한 생각에 배시시 웃음이 베어 나오게 됩니다. 혹 여러분들에게는 보관해 놓은 예전의 일기장이 있나요? 보관하고 있는 일기장이 있다면 자서전에는 더할 나위 없는 훌륭한 자료가 될 것입니다. 일기는 하루의 일과를 마치고 나서 자신의 감상을 적어 놓은 것이기에, 그 당시의 상황을 회상할 때 똑똑한 길잡이가 될 수 있습니다. 어릴 적 일기가 없다면, 어느 정도 성장해서 나 혼자 몰래 숨어서 적던 일기를 한 번 펼쳐보세요.

✋ 여기서 잠깐! 괜한 걱정

여러분들은 일기도 나에 대한 이야기를 적는 것이고, 자서전도 나에 관한 이야기라면 별다른 차이점이 없는 게 아닌가? 라는 궁금함이 생길 것입니다. 이에 대해서 일기, 편지 등의 글쓰기는 자신의 내밀한 고백은 될지언정 자신과 대상에 대한 종합적인 인식까지의 도달은 어렵다고 얘기하고 있습니다. 즉, 자서전은 자신이 살아온 과거의 삶, 전체를 대상으로 한다는 점에서 종합적인 자신의 인식까지 도달할 수 있는 것이고, 자신의 삶에 저해되는 요인까지도 분석하고, 미래의 전망까지도 제시할 수 있기 때문에, 권고되어야 할 글쓰기 양식이라고 정의하고 있습니다.[6]

➤ 사 진

추억을 되돌릴 때 가장 강력한 마법의 도구로 변신하는 것이 사진입니다. 그 얇고 네모난 사진 속에서 많은 웃음과 슬픔을 발견할 수 있기 때문이죠. 여러분들에게는 어떤 사진이 있나요? 태어나자마자 부모님 손에 이끌려 동네 사진관에서 찰칵, 수학여행 갔을 때 친구들과 재미나게 찰칵, 나의 결혼식 때 부모님과 같이 근엄하게 찰칵!

자서전이라고 해서 깨알 같은 글씨로만 만들어져야 할 이유는 없습니다. 그 내용과 사건에 잘 어울릴 만한 사진이 있다면 첨부하세요. 그리고 그 사진에 묻어있는 당신만의 이야깃거리와 추억들을 덧붙여 보세요. 다른 누구의 자서전도 아닌, 바로 여러분들의 자서전을 만드는 일입니다. 좀 더 대담하게 나를 표현할 수 있는 수단이 있다면 주저 말고 사용하세요.

➤ 음악과 노래 그리고 그림

음악은 신이 인간에게 내린 최고의 감흥제입니다. 거리를 지나다 어떤 노래를 살짝 흘려만 들어도 마법처럼 그 시절로 되돌려 놓기 때문이죠. 방송에서 60, 70년대에 유행했던 노래만 흘러나오면, 자동적으로 그 시절의 향수에 대해 설파하시는 작은 아버지의 모습처럼, 여러분에게도 그 노래만 들으면 생각나는 시절들이 있습니다. 어떤 음악인가요? 그 음악의 무엇이 여러분들에게 그 시절을 떠올리게 하는 걸까요? 눈을 감고 흥얼거려 보세요! 그때 그 곳으로 여러분만의 음악을 찾아보세요.

학창 시절 때 사생 대회 철만 다가오면 잘 그리지도 못하는데, 선생님의 꾸중을 피하려 대충 그리고 열심히 뛰놀던 기억들이 있으세요? 예전에는 그렇게도 그리기 싫었는데, 지금은 그리고 싶어도 붓을 들기가 두려운 나이가 되었습니다. 여러분의 기억 속에 추억이라 불려질 만한 나만의 그림이 있습니까? 그 그림을 보면 떠오르는 일이나 사람이 있나요? 아니면, 내가 그린 그림속의 주인공과의 잊지 못할 추억들이 있었나요? 가만히 눈을 감고 그림을 떠올려 보세요.

여러분의 그림은 어디에 있나요?

➤ 메모와 책

자서전을 쓴다며 다락에 처박혀 있던 내 물건들을 하나 둘씩 뒤지다 보면, 눈에 익은 필체에 여러분들은 빠져들게 됩니다. 그리고는 마치 고대문자를 해독하듯이 그 글씨에서 헤어나오지 못하게 되는데요. 희미하게 지워져 있기도 하고, 뭐가 그리도 바빴는지 휘갈겨 써 있는 필체들을 보며, 마치 당신에게 말을 걸 것 같은 착각에 빠져 들게 될지도 모르기 때문이죠. 공책에 그냥 펜으로 쓴 평범한 내용의 글인데도, 세월이 흘렀다는 사실만으로 그 글의 프리미엄이 새롭게 솟구치는 순간입니다.

여러분들이 쓴 메모나 기록들이 그 당시를 회상하는 좋은 도구가 될 것임은 누구나 알 수 있는 사실입니다. 그 기록들을 살펴보면서, 내가 기억하고 있는 것과 얼마나 차이가 나는지 한 번 맞춰보세요.

➤ 편지와 카드

언제부터인가 우체통이라는 것은 의미 없는 우편물로만 가득 찬 곳이 되어버렸고, 책상 속에는 각종 청구서로 무장된 편지만이 떡하니 한 자리를 차지하고 있습니다. 침으로 정성스레 붙였던 네모난 편지들은 과거의 일로만 존재하고 있는 듯 하고……어릴 때는 모르는 군인아저씨에게도 곧잘 편지를 보내곤 했지만, 지금은 세상이 바뀌어 우표 붙일 일조차 없어지고 말았습니다.

여러분들은 어릴 때 누구에게 가장 많은 편지를 보냈나요? 그리고 편지왕래로 가까워진 친구가 있었나요? 아니면 당신이 보낸 편지가 방송에 소개된 적이 있었나요? 그 시절로 돌아가 당신의 편지봉투를 살포시 뜯어보세요. 누구에게 보낸 건지, 무슨 글이 적혀 있는지 궁금해지도록 천천히 열어보세요.

➤ 인터뷰하기

우리 인간들은 종종 작은 실수를 저지르곤 합니다. 그 중에서 가장 작은 실수가 나를 나만큼 잘 아는 사람은 없다는 자만심이죠. 하지만 당신의 존재이유를 따뜻한 가족애와 우정 사이에서도 발견할 수 있어야 하듯이, 타인들 추억 안에서도 존재의 이유를 발견해야 합니다. 그들의 회상과정 속에서 여러분들도 놓치고 말았던 소중한 관계의 깨달음은 진정한 내 모습을 발견하는 귀중한 경험이 될 것입니다.

가족의 이야기를 쓰려고 하는데, 선조에 대해 아는 것이 별로 없다면, 주저하지 말고 가까운 친지 분들에게 물어 보세요. 그들을 찾아가 우리 조상에 대해서 이것저것 물어 보시구요. 만약 나의 부모님이 돌아가셨다면, 그 분들과 가까웠던 분들과 시간을 가져보세요. 물어 보는 것이 쑥스러워 그동안 주저하셨다면, 더 이상 주저하지 마세요. 그럴 시간이 없답니다. 그 분들은 당신의 방문과 당신의 질문을 기뻐하실 겁니다.

그리고 여기서 놓쳐서는 안 될 중요한 것 하나!

당신의 후손들이 바로 그 이야기를 기다리고 있었다는 것을 잊지 마세요.

♨ 여기서 잠깐! 괜한 걱정

　인터뷰 가기 전 여러분의 목적을 분명히 하고 가야 합니다. 가서 이야기를 하다 보면, 왜 갔었는지 목적까지 흐릿하게 되는 경우가 발생할 수 있으니까요. 궁금했던 것이 무엇이고, 무엇을 알길 원했는지……이런 모든 사항들을 질문지로 만들어 가는 것도 유용한 방법입니다. 그리고 친지분과의 대화를 시도할 때, 양해를 얻어 녹음하는 것도 좋은 방법입니다.

PART 4. 주제를 잡아라

나와 더불어 늙어 갑시다! 가장 좋은
때는 삶의 끝이니, 삶의 처음은
이 끝을 위해 만들어 졌다.
메이벨 뉴컴버

여러분들은 이제 연대기표를 작성한 후라 어느 정도 나만의 역사에 대한 감을 잡았을 겁니다. 출생에서부터 지금까지의 삶을 나열해 보니, 과연 나만의 역사라는 말이 실감이 날 정도로 긴 삶의 여정을 통과해 왔습니다. 이젠 그 길었던 여정을 글로 적어낼 때입니다. 누구누구의 엄마, 아빠가 아닌 있는 그대로의 나를 표현해 보세요. 생활에 쫓겨 길거리의 꽃도 바라보지 못한 채 살았던 나는 버리고, 예전의 순수함으로 돌아가 보세요. 개울가의 하찮은 돌멩이에도 말을 건네며, 팔랑거리는 잠자리를 잡겠다며 하늘 높이 뛰어다니던 그때를……

당신의 정서는 결코 메마른 사막이 아닙니다.

1. 내게 너무 특별한 사람들

▶ 가족에 대하여

조상을 모르는 것은 근원을 알지 못하는 개천과 같고, 뿌리 없는 나무와 같다는 중국속담이 있습니다. 자서전의 많은 주제가 있지만, 그 중에서도 가장 많은 이야기 거리를 가진 것이 바로 가족에 대한 것일텐데요. 항상 같이 있지만 그 소중함을 모르고 지나치는 것처럼, 막상 쓰면 쓸 것 같지만, 그렇지 못한 것 또한 나의 가족입니다. 먼 우주로 날아가야만 새로운 지평을 발견할 수 있는 건 아닙니다. 여러분 가까이에 있는 분들에게 내가 모르는 그들과의 추억을 들려달라고 하세요.

여러분들의 글안에서 항상 가족으로만 함께 했던 부모님과 친지들의 젊은 모습을 발견하는 건 어떤 기분일까요? 자서전반의 몇몇 분들은 항상 감정을 절제하는 메마른 중년의 모습으로만 기억되던 부모님의 모습에서 열정적인 젊은 시절을 엿보게 된 것이 너무 놀라운 경험이라고 토로하시곤 합니다. 여러분이 자녀들에게 부모의 모습으로 떠올려질 때 언제의 모습으로 기억되길 원하시나요?

아래의 글은 자서전쓰기 반의 한 학생이 조상에 대한 자료 중 초기자료를 정리한 글입니다.

⑪　　⑪

나는 누구인가?

나의 뿌리는 어디에 있는가? 나의 직계 조상들은 어떠한 삶을 살았으며, 세월의 흐름 속에서 나라는 존재가 지구상에 존재하기까지 선조로부터 나에 이르는 동안 가계의 혈통은 어떻게 면면히 이어져 내려왔는가에 대한 의문은 모든 인간이 가질 수 있는 근원적인 질문일 것이다. 이러한 개인의 정체성을 확인할 수 있는 최선의 방법은 족보를 추적하는 것이리라

본다.

—중 략—

마침 자서전을 쓰는 정규시간이 편성되어 있어 그동안 마음 속으로만 생각해 왔던 알기 쉬운 나의 족보를 정리하게 되었다.

사랑하는 나의 자녀들에게……

우리 광산 김씨는 1160여년의 역사를 가졌으며 대대로 청백으로 전가하고, 충효로 입신하였으니, 후손된 자는 선조들이 쌓은 덕을 항상 생각하여 영원히 계승할 방도를 강구하여 명가의 후예로서 손색없이 더욱 발전하도록 노력할 책무가 있다. 나아가 인류사회에 기여할 수 있도록 노력해 주길 바란다.

광산 김씨의 계통도

1世 興光 ➡ 2世 軾 ➡ 3世 佶 ➡ 4世 峻 ➡ 5世 策

—하 략—

위의 글은 나의 선조에 대한 조사가 어떤 의미를 가지는지에 대한 자신의 의견과 후손이 어떻게 받아 들였으면 하는가에 대한 자신의 소망이 잘 나타나 있습니다. 아주 먼 선조에까지 조사를 하고, 그 조상에서 비롯하여 나의 지금이 존재한다는 것을 나타내고 있는 글입니다.

그럼 당신 삶에 있어 소중했던 가족에 대해 한 번 회상해보도록 합니다.

suggestions

당신의 가족은 모두 몇 명이었나요?

_____

당신은 부모님 중 어느 분과 가장 많이 닮았습니까?

_____

아버지, 어머니의 출생지는 어디입니까?

_____

(외)할아버지, (외)할머니의 성함은 어떻게 되나요?

_____

당신이 태어났을 때 부모님의 연세를 알고 있나요?

_____

당신의 태몽은 무엇입니까?

_____

당신은 부모님에게서 닮고 싶은 부분이 있었나요? 반대로 닮고 싶지 않았던 부분이 있다면 말씀해 주세요.

_____

인상 깊었던 부모님의 말씀은 무엇입니까?

_____

어릴 적 아버지, 어머니가 늘 나에게 하던 말씀은 무엇입니까?

_____

어릴 적 부모님께 보호받고 있다고 느낀 때는 언제였나요?

_____

당신의 생일 때 부모님께 가장 받고 싶었던 선물은 무엇입니까?

_____

처음으로 부모님께 대든 때는 언제로 기억되나요?

_____

우리 형제들의 공통된 성격에는 어떤 것이 있나요?

_____

가장 친하게 지낸 형제는 누구인가요?

어릴 때 형제들과 했던 놀이 중 가장 기억에 남는 놀이는 무
엇인가요?

친척들과의 왕래는 있었나요? 있었다면 가장 친밀하게 보낸
상대는 누구였나요?

➤ 친구, 선생님, 선배

자서전반을 지도하다 보면, 자서전이 나에 대한 기록이기는
하지만, 너무 자신에게만 집중된 이야기로 한정되어 쓰는 경
향이 있습니다. 좀 더 풍부한 자료의 글이 되기 위해서는 내
주변을 부지런히 둘러 봐야 합니다. 그 중에서도 가족 다음으
로 나에 대해 잘 알고 있는 친구에 대해 적어보는 건 어떨까
요? 아주 어릴 적의 죽마고우가 있을 수 있겠고, 학교생활을
하면서 사귄 학교친구, 직장생활속의 직장동료들, 그리고 같은
취향의 동우회 친구들이 있을 수 있습니다. 그런 친구들에 대
한 이야기를 적다 보면, 어느새 그 시절로 돌아간 나 자신을

발견할 수 있을 겁니다. 물장구 치고 놀던 고향하늘이 떠오르고, 도시락 까먹으며 공차기 하던 그때 그 학교 운동장의 종소리도 들을 수 있습니다.

또, 나를 태어나게 하신 분은 부모님이지만 인생의 길을 바로 잡아 주며, 제2의 탄생으로 이끌어 주시는 분이 바로 선생님이십니다. 학교를 졸업함과 동시에 선생님의 역할은 사라지지만, 우리들의 인생에 영원토록 중요한 자리를 차지하고 계실 분 또한 선생님이십니다. 잊지 못할 스승님이 계신가요? 내 방황의 시절을 바로 잡아 주신 선생님, 혹은 선배가 있다면, 지금 그분의 모습을 한 번 그려 보세요. 그분의 인자한 웃음과 나를 향해 손 내미셨던 그 때의 모습을 떠올려 보세요. 그분의 내민 손을 잡은 당신은 행운아입니다.

suggestion

어릴 적 친구들로부터 불려졌던 별명에는 어떤 것들이 있었나요? 그 별명이 싫어 친구와 싸운 적은 없었나요?

_____

친구 중 나와 숙명의 라이벌은 누구였나요? 언제쯤의 일이었으며, 어떤 점에서 그렇게 느꼈나요?

_____

친구가 되고 싶었는데, 그렇게 되지 못한 사람이 있었나요?

___

어릴 적 동네에서 제일 힘이 센 친구는 누구였나요? 그를 부러워했나요?

___

가장 단짝 친구는 누구였나요? 그 친구의 좋았던 점과 나빴다고 여겨지는 점은 무엇입니까?

___

친구들에게 나는 어떤 친구로 비쳐지길 바랐나요?

___

친구와 함께 가고 싶은 여행지는 어디이며, 어떤 친구와 함께 하고 싶었습니까?

___

어린 시절 친구와 함께 한 모험이 있었나요?

___

내게 가장 심한 행동을 한 친구는 누구였나요? 지금은 그를 용서했습니까?

_____

우정이라는 이름 때문에 힘들었던 적은 없었나요?

_____

초등학교 때 가장 좋아했던 선생님은 누구였나요?

_____

초등학교시절 가장 잘 한 과목과 가장 싫어했던 과목은 무엇입니까? 그 이유는 무엇인가요?

_____

학창시절을 통해 내게 가장 큰 가르침을 주신 선생님은 누구셨나요? 지금도 그 분과 연락이 되나요?

_____

제일 무서워했던 선생님은 누구였습니까?

_____

선생님은 어떤 자세로 학생들을 대해야 된다고 생각하나요?

_____

지금도 가까이 지내는 선배는? 어떤 일로 가까워지게 되었나요?

---

2. 나의 일

우리들은 태어나면서부터, 다 한 가지씩의 역할을 가지게 됩니다. 아들이나 딸, 남편, 부인, 할아버지, 할머니로서의 역할 등등을 가지게 됩니다. 이런 개인적인 역할이 있는가 하면, 나의 노력으로 힘들게 얻어진 역할도 있습니다. 힘겹게 쌓아올린 그 곳에서 당신은 열심히 일했습니다. 하지만, 시간은 흐른 채 그 자리는 남았고 당신은 떠나왔습니다. 젊음과 열정을 다 해서 일했던 그 곳에서 당신의 흔적은 지워지고 덩그러니 당신만 나이가 들었습니다. 그렇다고 그때의 열정까지 놓고 온 것은 아닙니다.

떠올려보세요. 나의 첫 직장에서의 떨림을……난 그때 무슨 생각을 했고, 무슨 일들을 해 왔던가? 나의 가족들은 알지 못했던 치열했던 삶의 흔적들……그곳에 서 있는 나를 그려보세요.

가족들에게는 항상 내 안의 사람이었으나, 밖에서 일하는 또 다른 나의 모습을 보여준다면, 당신에 대한 이해의 폭이 더 넓어질 것입니다. 일을 하면서 느꼈던 성취감들을 다시 한 번 되새기면서 미래의 일을 계획할 수 있는 생동감을 느낄 수 있을 겁니다.

suggestion

당신이 처음으로 남들로부터 돈을 받고 한 일은 무엇입니까?

_____

첫 직장은 어디였습니까?

_____

그리고 첫 직장 상사는 어떤 분이었나요? 그분을 동물로 비유한다면 어떤 것이 될까요?

_____

직장에서 처음으로 맡은 중요한 업무는 무엇입니까? 그 일을 통해 어떤 것을 깨닫게 되었나요?

_____

남들에게 가장 자랑할 만한 경력은 무엇인가요?

_____

가장 힘들게 배운 일은 무엇인가요?

_____

직장에서의 일은 당신의 지적인 능력을 만족시킬만한 것들
이었나요? 만약 그렇지 못했다면, 당신은 어떤 식으로 대응
해 나갔습니까?

_____

일을 하면서 가장 보람을 느꼈을 때는 언제였나요?

_____

가장 친하게 지낸 동료는 누구였습니까? 그 이유는 무엇인가
요?

_____

가장 사이가 좋지 않았던 동료는 누구였나요? 그 이유는 무
엇인가요?

_____

당신의 일이 천직이라고 느끼나요?

_____

지금까지 했던 일 말고 다른 일을 했더라면 잘 했을 거라고
생각하는 일이 있나요? 그 이유는 무엇입니까?

_____

당신이 일할 때의 스타일은 어떤 식인가요?

_____

일로 인해 받은 스트레스 해소법은 무엇입니까?

_____

당신의 자녀에게 권하고 싶은 직업은 무엇입니까?

_____

지금 당신이 열정을 가지고 하는 일은 무엇입니까?

_____

지금까지의 인생 중에서 가장 열정을 가지고 배웠던 일은
무엇입니까?

_____

3. 인생의 성공과 실패

인생은 단거리 경주가 아닌, 긴 여정입니다. 긴 여정 속에서 성공과 실패가 그리 중요한 요소가 될 수는 없습니다. 우리가 얼마나 열심히 살았느냐가 인생의 큰 의미가 되어야 하기 때문이죠. 하지만 세상은 우리 개인의 삶을 이분법적인 시선으로만 평가해 보세요. 그 시선에서 벗어나서, 나만의 방식으로 인생을 평가해야 합니다. 우리 가족들을 위해서 내가 얼마나 헌신하며 땀을 흘려 왔는가? 그 답이 바로 성공의 척도를 가를 수 있을 뿐입니다. 타인과 비교하지 마세요! 세상의 눈으로 나를 재지마세요! 이 세상에 태어난 자체만으로도 성공한 인생입니다. 빛을 느낄 수 있는 건 어둠을 알기 때문이라는 말이 있습니다. 여러분의 빛과 어둠은 무엇인가요? 자, 그럼 내 인생을 한 번 들여다볼까요?

suggestion

어린 시절 부모님이 바라던 나의 미래의 모습은 무엇입니까? 내가 바라던 미래의 모습과는 차이가 있었나요?

그 목표가 바뀌었나요? 바뀌었다면 언제 바뀌었나요?

_____

유명 인사(연예인, 기업인, 정치인등) 중에서 가장 성공했다고 보여 지는 인물은 누구입니까?

_____

어릴 적에 성공의 모델로 삼았던 인물은 누구였나요?

_____

어릴 적 가족 중에서 나의 꿈에 대해 지지해준 사람이 있었나요?

_____

내가 행한 일 중 가장 크게 성공했다고 생각되는 일은 무엇입니까? 그 성공이 나의 생활에 어떤 변화를 가져왔나요?

_____

인생을 살면서 가장 큰 실패는 무엇입니까? 어떻게 헤쳐 나갔나요?

_____

당신이 생각하는 성공과 실패의 정의는 어떤 것입니까?

_____

나의 성공을 도와준 사람이 있었나요?

_____

내가 어려웠을 때 나를 더 힘들게 한 일(사람)은 무엇입니까?

_____

다시 인생을 산다면 꼭 하고 싶은 일은 무엇입니까?

_____

나의 아이에게 성공적인 삶을 위해 권고하고 싶은 것을 적
어보세요.

_____

4. 사랑과 미움, 그리고 슬픔

자서전은 후손에게 삶을 살아가는 원칙과 미래의 세대들에
게 당부하는 교훈조의 글들로 쓰여 지기 때문에, 자칫 지루해
지기 쉽습니다. 그럴 때 여러분들의 감성을 살짝 보여주는 것

도 글을 부드럽게 할 수 있는 한 방법입니다.

　사랑만큼 우리의 감성을 잘 표현할 수 있는 단어도 없을 듯합니다. 여러분들은 사랑을 어떻게 정의할 수 있나요? 지구에 중력의 법칙이 있듯이, 우리 인간들에게도 서로 끌리는 사랑의 법칙이 존재합니다.

　하지만 그 사랑의 화살이 내가 원하는 이에게 꽂힌다면, 더할 나위 없이 행복한 일이 되겠지만, 그렇지 못할 경우 쓸쓸한 추억으로만 간직해야 할 한 사람을 만들어낼 수밖에 없을 겁니다. 사랑 때문에 행복한 바보로 지냈던 때를 기억해 보세요. 여러분들은 어떤 사랑을 경험했나요? 그 사랑에 대해 적어 보세요.

　그리고 사랑만큼이나 익숙한 감정이 미움일겁니다. 누구를 죽이고 싶을 만큼 미워해본 기억이 있나요? 그 사람으로 인해 온통 하늘이 칙칙함으로 기억되던 때, 괜히 먼 곳을 향해 주먹을 내 지르던 때가 있지 않았나요? 그때 당신의 감정을 한 번 열어 보세요. 잘 기억이 나지 않는다면, 예전 추억의 사진들을 열어 보세요. 난 그때 누구를 향해 달려가고 있었나를……

　또한 사랑은 이성 간의 사랑일 필요는 없습니다. 부모님께 받은 사랑, 형제와 친구 간의 사랑도 있습니다. 그들과의 아름다웠던 기억들도 떠올려 보세요.

⚾   ⚾

　나는 사랑을 마음속의 눈물이라고 정의하고 싶다. 사랑에는 남자와의 사랑, 그리고 여자와의 사랑, 부모님과의 사랑으로 나눠 볼 수 있다. 나의 첫사랑은 군대를 제대하고 처음으로 맞이한 크리스마스의 어느 종로거리에서 시작되었다. 새하얀 눈이 정신없이 흐뿌리는 거리에서, 싱숭생숭한 뛰는 심장은 마치 청춘의 훈장처럼 나를 으스대게 만들었다. 하얀 눈 속에서도 유달리 내 눈을 잡은 검은 긴 머리카락의 아가씨가 있었다. 그런데 그 검고 긴 머리카락의 아가씨 옆에는 보란 듯이 남자가 서 있었다. 크리스마스를 같이 보내려고 나온 연인 같았지만, 그런 점이 더욱 나의 전의를 불붙게 했다. 다짜고짜 지나가는 남녀를 잡아 세우고는 이 여자 분의 친척오빠라며 우긴 후, 같이 술이나 한잔 하자고 했다. 지금 생각해 보면 어디서 그런 용기가 나왔는지……나와 인연이 되려니 그랬는지, 그들은 처음에는 이상한 놈처럼 바라봤지만, 이내 자리를 같이 하게 되었다. 거나하게 마신 후 각자 헤어진 다음 날, 그녀에게서 전화가 왔고 우리는 이렇게 시작하게 되었다.

　첫 사랑은 깨질 수밖에 없다고 했던가! 그녀는 집안에서도 아끼는 무남독녀에 잘 나가는 미대생이었다. 어느 날 그녀의 부모님에게서 호출이 왔다. 당신 딸을 내게 줄 수 없다고, 만약 결혼을 하고 싶으면 다른 직업을 구하라는 얘기였다.
　　　……하략……

suggestion

사랑하면 떠오르는 사람이 있습니까?

_____

당신의 인생에 있어 사랑은 어떤 의미를 가지고 있나요?

_____

사랑을 떠올릴 때 생각나는 색깔과 향기가 있습니까?

_____

처음으로 짝사랑해본 사람은 누구였나요? 혹은 당신을 짝사랑
한 사람이 있었나요?

_____

부모님께 당신이 사랑받는 자녀라고 느낀 적은 언제인가요?
당신은 부모님께 사랑한다고 표현한 적이 있었나요?

_____

부모는 자녀들에게 어떤 식으로 사랑을 표현해야 된다고 생
각하세요? 당신의 방식을 아이들은 좋아했나요?

_____

형제들과의 형제애를 가장 강하게 느낀 적은 언제입니까?

_____

당신의 첫사랑은 언제였나요? 그 사람의 어디에 끌렸습니까?
그를 떠올리면 생각나는 물건은 무엇입니까?

_____

가장 가슴이 아팠던 이별은 어떤 것이었나요?

_____

나의 마지막 사랑은 어떤 사랑이었으면 하나요?

_____

사랑하는 사람 때문에 질투에 사로잡힌 적이 있었나요?

_____

나의 외모 중 타인에게 매력적으로 보여 진다고 생각되는 곳
은 어디인가요?

_____

이성을 선택할 때 가장 중요하게 생각하는 두 가지는 무엇입
니까?

_____

누군가를 심하게 미워해 본 적이 있었나요? 그 사람을 요리와
비유한다면 어떤 요리가 적당하다고 생각되나요? 그 요리를
바라보면서 당신에게 떠오르는 생각들을 적어보세요.

사회단체나, 이웃들을 위해 성금을 낸 적이 있나요?

나의 물건 중 가장 애착을 갖고 있는 것은 무엇입니까?

인생에 있어 슬픔은 어떤 의미를 가지고 있다고 생각하세요?

어린 시절 가장 슬펐던 일은 무엇이었나요? 요즘은 무슨 일로
슬퍼했었나요?

---

5. 나의 고향

당신의 태어난 고향은 어디인가요? 그 고향의 별을 기억하세요?

현대인들은 모두 회색의 빌딩 숲에 갇혀 메마른 채 살아가고 있지만, 고향에 대한 그리움 하나쯤은 가슴에 묻은 채 살아가고 있습니다. 그래서인지 많은 분들이 자서전의 서두를 고향에 대한 추억으로 시작하는 분들이 많이 계십니다. 언젠가는 반드시 돌아가야 한다는 연어의 회귀본능처럼 말이죠. 고향의 시원했던 바람소리, 넓은 하늘에서 떨어질 듯 박혀있던 나의 별들……눈을 감으면 모든 것이 되살아나는 고향입니다.

고향에서는 아파도 아프지 않은 척 뻐기며 서 있을 필요가 없습니다. 바로 고향이기 때문입니다. 당신의 별을 기억해 보세요. 친구들과 뛰어 놀던 그 하늘과 바다, 모든 것은 변하지만 추억만은 변하지 않습니다. 내 머릿속 작은 방에서 혼자 꿈꾸고 있는 고향을 열어보세요.

나의 어린 시절은 철없이 뛰어 놀던 기억으로 가득하다. 여름에는 고향개천에서 아랫도리만 살짝 걸친 채 하루 종일 미역을 감았다. 잘 먹지도 못했는데, 배고픈 줄도 모르고 물개마냥 좋아라 첨벙거렸다. 겨울에는 요즘과 같은 썰매가 아닌, 집에서 아버지나 형이 만들어 준 나무와 함석을 대서 만든 썰매를 탄다. 평소에는 나만 괴롭히는 형이었지만, 겨울철만 되면 형은 무척이나 인기 있는 사람이 된다. 고장 난 썰매를 잘 고쳐주기 때문이다. 아이들은 썰매와 팽이를 돌리느라 손이 얼어도 모를 정도로 그저 뛰어 놀았던 것 같다. 요즘 아이들과 비교해 보면, 먹을 건 많이 부족했지만, 실컷 놀 수 있었던 놀이동산 부럽지 않았던 세월이었다. 내가 태어난 곳은 바닷가 근처여서 초등학교 입학하기 이년 전, 친구들과 함께 방파제로 놀러갔던 기억이 난다. 방파제에는 미역과 같은 해초들이 많이 붙어 있었다. 이름도 알 수 없는 신기한 모양의 해초들에 정신을 빼앗겨 그걸 따려고 엎어진 채 이것저것 따고 있었는데, 친구 녀석이 장난으로 날 물속으로 밀어 버린 것이다. 장난으로 한 일이었는데, 난 그만 물 밖으로 나오지 못하고 물속에서 계속 허우적거렸던 모양이었다. 그 때 크고 힘 센 손이 나를 물 밖으로 꺼내 주었다. 사람의 명은 하늘이 정하는 거라고 하더니, 그 때 얻은 생명의 끈으로 지금까지 별 탈 없이 이어져 온 것 같다.

82

suggestion

태어난 곳은 어디입니까? 태어난 고향 집을 한 번 그려보세요.

_____

어릴 적 이사는 몇 번이나 했나요? 이사 가서 살았던 집을 떠올려 보세요.

_____

여러분의 고향에는 특산물이 있었나요?

_____

고향에 전해 내려오는 전설을 적어보세요.

_____

고향의 가장 자랑스러운 점은 무엇인가요? 고향에서 가장 위대한 인물은 누구인가요?

_____

친구들과 자주 놀러 다닌 장소는 어디였나요?

_____

성장해서 다시 고향을 찾았을 때 많이 변했다고 느낀 곳이 있다면, 적어보세요.

_____

만약, 고향을 떠나지 않았다면, 당신은 지금 어디에서 무슨 일을 하고 있을지 한번 상상해 보세요.

_____

6. 종교와 가치관

종교라는 주제에 대해 자서전 수업시간에 쓰라고 하기에는 약간의 어려움이 있습니다. 다들 다른 종교를 가지고 있고, 종교를 가지고 있지 않는 분들은 따분해 하기 때문입니다. 하지만 우리의 삶을 표현하는데, 종교를 빼 놓을 수 없기 때문에 수업시간에는 다루지 않았던 종교를 주제의 한 부분으로 삼으려 합니다. 우리 인간의 삶은 너무 연약합니다. 그래서 많은 부분을 종교에 의지하며 살아갑니다. 당신은 종교로 인해 어떤 변화를 겪었나요? 그 변화된 점을 후손들과 나누고 싶다면, 그 내용을 적어보세요. 당신이 글을 적어 가는 동안 당신의 삶뿐이 아닌, 후손의 삶에도 영향을 끼칠 것입니다. 어떤 점으로 인해 내가 종교에 심취하게 되었는지, 그로 인해 어떤 변화가 있었는지를 적어보세요. 나의 후손들과 영적인 면에 대해서 교류하고 싶다면 말이에요.

그리고 당신의 삶을 지탱하고 있는 가치관이 있나요? 힘든 세상을 살아가면서 흔들림 없이 지켜온 당신만의 가치관이 있다면 적어 주세요.

⚾   ⚾

나는 4녀 2남 중 넷째 딸로 태어나 집에서 있는 듯 없는 듯 별 관심을 받지 못하는 아이였다. 옛날 어른들이 다 그랬듯이, 집안에서는 남동생만을 귀하게 여기는 분위기로 딸로 태어난 나는 열등감과 여자로서의 순종이라는 보이지 않는 규율에 사로잡힌 채 자신감 없는 학창생활을 해 나갔다.

고등학교를 마칠 때 까지도 나는 내 주장 한 번 펴 보지 못하는 소극적이고 융통성 없는 아이였다. 대학에 들어가서도 나의 이런 부정적인 성격으로 공부로서 이 열등감을 없애기 위해 한 눈 팔지 않고 꾸준히 공부해 4년을 거의 과수석장학금을 받았다.

1969년 2월 선배의 권유로 대학생 영어성서모임에 참여하게 되었고, 그해 10월 16일 주님의 사랑을 믿음으로 받아드리기로 작정했다. 성서를 읽으면서 세상에 대한 시각이 바뀌게 되었고, 그리도 부정적이었던 나 자신이 긍정적인 아이로 변모하게 된 것이다. 내게 일어나는 모든 것을 적극적이면서 그대로 수용할 수 있는 자세를 가지게 된 것 또한 놀라운 은혜였다. 나를 옭아매고 있던 유교적 관습과 딸이라는 굴레에서 벗어나게 되면서 미래에 대한 두려움도 사라지게 되었다.

suggestion

당신은 종교를 가지고 있나요? 가지고 있다면 어떤 종교입니까?

_____

그 종교는 어떤 계기로 믿게 되었나요? 혹은 어떤 계기로 종교를 안 믿게 되었습니까?

_____

종교를 믿음으로써 변화된 것이 있었습니까?

_____

종교생활을 하는데 어려움은 없었나요?

_____

종교생활을 하면서 이웃에게 사랑을 실천해 본 적이 있나요?

_____

당신의 가치관은 무엇입니까?

_____

가치관 형성에 큰 영향을 준 사람이나 사건이 있었나요?

_____

성장하면서 가치관은 어떻게 변했습니까?

_____

가치관으로 인해 당신 인생에 변화가 있었나요?

_____

7. 전환점

　태어나서 죽기까지 우리 인생에는 헤아릴 수 없을 만큼의 많은 기회들이 도사리고 있습니다. 그 기회를 잘 포착해서 내 것으로 만들 때만이 비로소 인생의 황금기를 맞이하게 됩니다.

여러분들의 인생에는 전환점이 있었나요? 학교를 졸업하고 사회에 진출한 일이나, 결혼으로 인해 가정을 이룬 일 등 내 삶에 있어서 커다란 변화의 일들을 생각해 봅니다. 그런 커다란 변화가 있었다면 몇 번이나 있었는지, 그때마다 당신이 취한 행동은 적절한 것이었나요? 그리고 만약 내가 그때 그러한 판단을 내리지 않았더라면 지금의 나는 어떤 모습일까? 라는 상상들을 해봅니다.

여기서 여러분들은 이런 궁금증을 가질 수 있을 것입니다. 다 지나간 과거인데 '만약에'라는 것이 내게 무슨 소용이 있단 말인가? 맞습니다. '만약에'라는 말로 지금의 내 모습을 대신할 수는 없습니다. 하지만 자서전속에서는 무척 유용할 수 있습니다. 바로 여기에 자서전쓰기의 독특한 목적이 있습니다. 자서전은 있는 그대로의 사실을 나열하는 것이 아닌, 과거의 기억들을 재구성하는 데에 큰 의의가 있습니다. '내가 그때 그런 결정만 내리지 않았더라면', '내가 그때 그런 행동만 하지 않았더라도……' 하는 자기 인식에서 출발하는 새로운 시작은 제3자의 시선으로 삶을 관망할 수 있는 힘을 부여하게 됩니다. 바로 내 생을 꿰뚫고 있는 메커니즘을 이해하게 되는 것이죠.

여러분들은 이제 전환점이라는 새로운 주제를 통해서 내 생의 메커니즘을 이해하는 동시에 삶을 통과하는 커다란 톱니바퀴의 울림을 깨닫게 될 것입니다.

서서히 시작해 볼까요?

suggestion

나의 삶 속에서 인생의 전환점이었다고 생각되는 일은 어떤 일이었으며, 몇 번이나 있었다고 생각됩니까?

그 전환점은 나의 인생에 있어 어떤 의미를 가지고 있습니까?

그 때의 결정은 올바른 것이라고 여기나요? 만약 다른 결정을 했더라면 어떤 변화가 있었을까요?

전환점에 서 있을 때 주로 누구와 상의를 하고, 그 이유는 무엇입니까?

인생의 전환점을 겪고 나서, 당신에게는 어떤 변화가 생겼나요?

  만약에 과거의 어떤 일을 했었더라면 나의 인생이 달라졌을
거라고 후회한 적이 있습니까?

_____

8. 취미와 운동

  이력서나 공적인 문서를 작성할 때 곤욕스러운 것이 취미
난을 채우는 일입니다. 취미를 독서라고 쓰는 것도 시대에 뒤
떨어진 것 같고, 영화나 음악 감상이라고 쓰는 것도 몰개성적
인 것 같아 영 마음에 들지 않고, 안 쓰자니 정서가 메마른
사람으로 보일까 싶고……
  여러분들은 자신만의 취미생활이 있나요? 어릴 때부터 해
오던 것이거나, 나이가 들어서 새로 시작한 취미생활 등. 취미
생활은 전 인생을 통해 무척 중요한 행동입니다. 삶을 자유롭
게 즐기며 살고 있다는 걸 보여주는 예이기 때문입니다.
  여기 미국의 75세 된 남성의 글에는 자기 삶을 사랑하며 취
미생활로 전혀 지루한 시간을 보내고 있지 않은 예가 있어 덧
붙입니다.[7]

지금 무슨 일을 하고 있는가보다는 어떤 모습으로 존재하고 있는가가 더 중요하다. 내가 하는 일 중에 사람들의 경탄을 살 만한 일이라곤 한 가지도 없다. 나는 새로운 일을 계획하고 있지도 않으며, 남의 칭송을 받을 만큼 거창한 자선 활동에 헌신하고 있지도 않다. 모아놓은 재산도 없고, 새로운 지식을 섭렵하고 있지도 않다. 어쩌면 지극히 하찮은 일을 하고 있는지도 모른다. 노숙자들을 위해 일을 돕고, 지방학교에 나가 시험감독을 맡아 왔다. 그 밖에는 집안과 정원을 돌보거나 산책을 하거나 수영을 즐긴다.

suggestion

현재 하고 있는 취미생활은 언제부터 시작한 것인가요?

_____

꼭 배워보고 싶은 취미가 있습니까?

_____

너무 나이가 들어 배우기 어렵지만, 꼭 하고 싶었던 취미가
있습니까?

_____

당신에게 취미생활은 어떤 의미를 지녔습니까?

_____

좋아하는 운동경기는 무엇입니까?

_____

1주일에 몇 번이나 운동을 하십니까?

_____

운동경기 중 직접 하는 것보다 구경하는 게 더 재미있다고
느낀 종목이 있습니까?

_____

9. 전 쟁

이 세상에는 많은 슬픔들이 있습니다. 하지만, 전쟁터에서 가족을 잃은 슬픔은 평생 동안 살아 있는 자에게 가혹한 짐을 지워주고 있습니다. 그래서인지 자서전의 주제를 제시할 때 가장 많은 이야기가 흘러나오는 것이 전쟁에 대한 부분입니다.

자서전반을 진행할 때 전쟁에 관련한 글쓰기 시간에 기억에 남는 분이 한 분 계셨는데요. 그 분은 60세를 훌쩍 넘기신 분이셨는데, 아직까지도 전쟁 통에 겪은 이야기를 풀어 놓을 때면, 눈가에 눈물이 맺혀서 더 이상 말을 잊지 못하신 분이었습니다. 그리고는 가슴이 아파서 더 이상 쓸 수 없다며, 펜을 놓으신 분이셨습니다. 강산이 변해도 몇 번을 변했을지 모를 세월이지만, 그 세월의 무심함도 가슴의 멍은 지울 수 없었던 모양입니다.

전쟁을 겪으신 중·장년층이라면 어린 자녀들을 앞에 앉혀 놓고 어려웠던 피난살이 이야기 한 두 번씩 안 해본 분들은 없으리라 보여 지는데요, 그러면 자녀들의 반응은 어떤가요? 무척 신기해하던가요? 아니면, 고리타분한 얘기라며 그 자리를 뜨고 싶어 하던가요? 아마 제 생각에는 후자 쪽이 많을 것 같습니다만, 자녀들과 전쟁의 참상에 대해 소통하길 원하세요?

그럼 방향을 살짝 바꿔보세요!

하고 싶었던 전쟁이야기를 글로 적어 내도록 합니다. 열마디의 말보다는 한 줄의 글에 더 강한 흡인력이 있을 테니까요.

여기 자서전반에서 전쟁과 관련해 써낸 생생한 이야기가 있습니다.

⑪　⑪

－상　략－

둘째 매형이 육군 대위였기 때문에 군인가족은 모두 잡혀간다고 하여 집에서는 빨리 피난 가느라고 야단법석이 나 있었다. 그렇게 해서 밤이 어둑해 질 때 우리도 배를 타고 강을 건너가서는 과천(지금의 정부청사자리)에 도착하여 밤을 보낸 후 그 대위가 다시 찾아 와서는 무조건 부산으로 가라고 명령하였다. 그런데 울 엄마는 지혜롭게도 "늙은이와 애들이야 괜찮겠지." 라면서 내 위의 악질 형들과 잘난 체 하는 조카들과 헤어지게 되었다. 이젠 나는 엄마 아버지를 빼놓고 내가 왕이 되었다.

모두들 아래 지방으로 내려들 갔고, 엄마와 막둥이는 남태령을 넘어 지금의 국군묘지 앞을 뛰고 걷고 하며 용산을 향해 오는데, 수풀 속에서 끄렁끄렁 하는 소리가 들렸다. 엄마 곁으로 뛰어가 엄마 손을 잡고 옆에서 떨어지지 않은 채 소리 나는 곳을 쳐다보니 우리 집보다 더 큰 탱크가 세대나 있었다. 모두 하나같이 나뭇잎으로 덮여 쉬여 있었다. 그 나뭇잎에서 인민군의 눈과 마주쳤는데 또 놀래고 말았다. 모두들 빨갱이라고 했는데, 그 사람은 하나도 빨갛지가 않았기 때문이다.

노량에서 나룻배를 타고 인도교 중간에 있는 중지도로 올라와 보니 또 기절할 일이 벌어졌다. 끊어진 다리 위에서부터 저 용산 역까지 죽은 사람들의 시체가 한길 양쪽으로 늘어져 있었는데, 두 겹, 세 겹으로 쌓여 있었다. 나중에 안 일이지만 다리는 끊겼고, 사수라는 명령은 떨어졌고, 노량에서 본 집 채만한 탱크에 희생된 우리 국군들의 시체들이었다. 아! 이 무서운 전쟁은 이 철부지는 원했고, 신바람까지 나서 춤을 추었구나!

원효로 쪽으로 가야할 엄마는 다리를 다 건넌 뒤 내손을 꽉 잡더니, 다짐이나 하듯 눈을 질끈 감고는 그 시체를 넘고 넘어서 철도국 둑길 집으로 향했다. 그러고 나서 난 며칠을 앓아야 했다.

여러분들은 이 글을 읽고 어떤 생각이 드셨나요? 전쟁은 끔찍한 현실입니다. 후손들에게 전쟁의 참상을 알리기 위해서라도 여러분들의 경험은 글로 표현돼야 합니다. 후손들이 당신을 좀더 잘 이해할 수 있게 되고, 그간 지켜 온 삶의 의미가 빛나는 순간이 되기 위해서라도 말이죠.

PART 5. 내 자서전 8-UP 시키는 법

늦게 시작하는 것을 두려워 말고,
중단하는 것을 두려워하라.
중국속담

앞서 자서전쓰기의 대 전제에 대해 간단히 살펴보았습니다. 이제는 좀 더 구체적으로 여러분들이 글을 쓰는데 있어, 기술적이고 실제적인 면에 대해 살펴보겠습니다.

자서전을 쓴다는 것은 읽힐 것을 염두에 두고 있다는 말입니다. 나의 아버지, 어머니, 할아버지, 할머니의 글이라고 무조건 감동스럽게 읽을 수만은 없습니다. 어느 정도의 원칙이 있고 그 안에서 자신만의 매력을 내뿜을 수 있어야 좋은 글이 되는 것입니다.

아래에 8가지의 원칙들이 있습니다. 8가지의 방법만이 전부는 아니지만, 자서전반을 진행해 본 결과, 이 원칙들을 지킨 글에서는 나름대로의 묘미와 생동감을 찾아 볼 수 있다는 결론을 내리고, **8-up** 원칙으로 정리해 보았습니다.

그럼 따라가 볼까요?

1$^{up.}$. 핵심을 찔러라

자서전은 개인의 역사를 서술하는 장편 서사시와 같은 긴 장정의 글입니다. 그 기나긴 서사시를 태어나서 죽기까지 길게 늘어만 놓는 것은 아무런 의미가 없습니다. 물론 재미도 없을 테니, 당신의 글은 읽혀지지도 못할 운명에 놓일 수도 있습니다. 읽는 이들을 위해서라도 약간의 배려가 필요하겠죠.

◑ ◑

나는 1940년 2월 경주의 한 산골마을에서 아버지 어머니의 사랑과 보살핌으로 4남 3녀 중 둘째로 태어났다. 아버지는 건강하셨던 분이라 들었는데, 어느 날 갑자기 돌아가시게 되었다. 그 때 내 나이 4살이었다. 그래서 어머니는 세상에서 가장 불쌍한 청상과부가 되어, 줄줄이 그 많은 입을 먹이시느라 당신은 굶으셔도 그 많던 자식들을 챙기시랴 혼자 서러움을 삼키셔야 했다. 그 와중에 우리들은 간간이 친지 분들의 도움으로 아비 없는 후례자식이라는 소리를 듣지 않기 위해 항상 몸가짐을 반듯이 하며 성장했다. 세월이 흘러 나는 인생의 큰 굴곡인 해방의 기쁨도 맛보았고, 6.25라는 동족상잔의 칼부림에서 죽음의 위험도 여러 차례 넘기게 되었다. 이런 아픔이 있었지만, 돌아가신 아버지의 도움이었는지 학교는 무사히 졸업을 해 서울로 올라와 직장생활을 착실히 하며, 가정을 꾸리게 되었다.

이 글에는 중요한 핵심이 빠져 있습니다. 큰 사건들은 교묘히 빼버린 채 일상의 이야기로 그런대로 유지되는 꼴을 하고 있습니다. 처음으로 찾아온 시련이었던 아버지의 죽음 그리고, 해방이라는 새로운 세상에 대한 두려움, 전쟁의 참상에 치를

떨게 만든 6.25, 이런 사건에 대해 글쓴이 자신의 느낌을 첨가해야 합니다.

자서전은 객관적인 사실의 나열이 아닙니다.

우선 당신 삶의 중요했던 테마들을 다시 한 번 잘 생각해 보세요. 앞서 적었던 연대기 표를 이용해서 당신 삶의 중요했던 순간들을 표시해 보도록 하세요. 그 중심테마를 기점으로 그 당시 여러분들이 느꼈을 감정과 의견들을 적어보세요. 중심테마라 하면 전쟁, 입학, 취직, 결혼, 출산 등 많은 경우가 있을 겁니다. 그 중에서 자신만의 테마를 정한 후, 그 테마를 중심으로 꼬리에 꼬리를 물듯이 계속 가지를 뻗어 보는 겁니다.

✋ 여기서 잠깐! 괜한 걱정

당신의 의견과 감정을 계속 펼쳐나가는 것도 중요하지만, 순간 순간의 재미를 위해서는 생생한 묘사로 여러분들의 글에 윤기를 더해야 합니다. 생생? 윤기? 궁금하신 분은 2^{up} 번으로 지금 달려가세요.

2$^{up.}$. 오감을 사용하라

우리가 전문적인 작가는 아니지만, 나의 글을 쓰는 이 순간 만큼은 여러분 모두가 당당한 작가입니다. 다른 사람들이 나의 글을 읽을 때, 쉽게 이해하고 재미있게 볼 수 있도록 어느 정도의 장치가 필요한 법인데요, 그 중 하나가 명확성입니다. 글의 명확성을 위해서 당신의 오감을 깨워보세요. 보고, 듣고, 냄새 맡고, 맛을 보고 느낀 당신의 모든 감성을 총 동원해서 주변을 살펴보세요. 재미있는 에피소드를 떠올릴 때 여러분 자신에게 이렇게 물어 보세요:

➤ 그날 날씨는 어떻게 그려져야 할 거 같아? 뜨겁고 쨍쨍한 날 아니면, 구름 잔뜩 낀 우울한 날이었니? 구석에 피어있는 풀은 어떤 종류의 것이고 말라있었는지 아니면, 싱싱하게 피어 있었는지? 이런 식으로 당신의 감각을 깨워보세요. 중요한 순간을 포착할 때마다 머리 끝 촉수를 작동시키듯 주변의 상황을 두리번거리며 살펴보세요. 내가 걸어온 거리는 먼지가 잔뜩 낀 우울한 거리였는지 아니면, 진흙에 발이 빠져 질척거리는 길이었는지……잘 생각이 나지 않는다면, 당신의 기분에 맞게 약간의 상상력을 발휘해도 좋습니다. 가령 예를 들어, 동

생이 태어난 날을 이야기 하고 싶은데, 그 때의 날씨는 생각도 나지 않는다면:

> 하늘의 푸름과 태양마저도 막내 동생의 탄생을 축하라도 하듯 지난 밤 비로 눅눅해진 동네 구석구석을 말끔하게 말려주고 있었다. 잘 닦여진 마을길은 우리 식구들의 마음을 알아다는 듯이 깨끗함으로 윤이 나 있었다.

혹은 동생이 태어나자마자 몸이 아파 병원에 입원 한 내용을 쓰고 싶다면:

> 우울한 빗줄기와 함께 눅눅함이 계속되는 장마철에 내 막내 동생은 태어났다. 그 녀석은 눅눅함이 싫었던지, 깨끗하고 항상 건조한 소독 냄새로 진동하는 병원에서 100일을 맞이하게 되었다.

⚾ ⚾

날씨라는 시각적인 면만을 부각시켜도 독자들은 글의 전반적인 내용이 무엇을 말하고자 하는지 쉽게 알아차릴 수 있게 됩니다. 또한 여러분들의 글 속에 묘한 긴장감과 감정의 기복까지도 나타내게 하는 이런 장치들을 이용해 독자들에게 글을 읽는 즐거움을 선사할 수 있습니다.

➤ 여러분이 어딘가에 있었다면, 그 곳에는 다양한 소리들이 존재합니다. 그 소리들을 향해 다가가 보세요. 그리고 그 소리를 묘사할 수 있도록 귀를 바짝 세워 보세요. 당신의 이러한 노력들이 독자들에게 고스란히 그 순간의 생동감으로 나타날 수 있습니다. 군대의 기상나팔, 먼 산에서 들려오는 산울림의 흔적들, 시골학교에서 들려오는 종소리의 풋풋함 등……
당신의 기억을 흔들었던 소리를 찾아보세요!

어린시절을 떠올리면, 가장 먼저 생각나는 것이 학교처마에 매달린 종이다. 신나게 운동장에서 놀고 있을 때 울리는 땡 땡 땡의 삼중주. 더 놀고 싶은 마음에 못 들은 척 멀리까지 공을 몰고 가보지만, 그 곳까지 따라와서 땡땡 땡을 반복하며, 우리들을 교실로 불러 모으곤 했다. 하지만 마지막 수업시간의 종소리는 내게 구세주와 같은 소리였다. 학교수업에는 별 다른 관심이 없었던 지라, 수업시간에는 항상 종소리를 울리고 싶은 원격조정을 꿈꾸며 괜한 귀만 곤추세우곤 했다.

Ⓑ　Ⓑ

➤ 냄새만큼 기억을 떠올리는데 강한 환기성이 있는 감각도 드물 것입니다. 어느 빵집에서는 빵 냄새가 나도록 방향제를 사용한 결과, 전달에 비해 많은 매상이 올랐다는 인터뷰 기사를 읽었던 기억이 납니다. 이처럼 냄새에는 상대를 끌어 들이

는 흡인력이 다른 어떤 감각보다도 자연스럽고 강하기 때문에, 향수에도 이런 갖가지 개인적인 의미들을 - 섹시, 지적, 우아 - 넣어서 사용하곤 합니다.

좋은 냄새를 맡기 위해 굳이 멀리 있는 수풀님 같은 곳까지 여행을 떠나지 않아도 우리 주변에는 갖가지 독특한 냄새들이 존재합니다. 향기로운 꽃 냄새에서부터 텁텁한 청국장 냄새, 막 구운 달콤한 빵 내, 다 마른 빨래에서 나는 산뜻한 향취 등……당신만이 맡을 수 있었던 여러 가지의 냄새를 통해 추억의 장을 소개시켜 주세요.

▶ 물에도 각각 다른 맛이 있다고 합니다. 여러분들만이 느꼈던 최고의 맛에는 어떤 것이 있었습니까? 어릴 적 할머니가 끓여 준 구수한 누룽지처럼 여러분의 향수를 자극하는 맛이 있습니까? 톡 쏘는 박하사탕을 처음 먹던 날, 알싸한 고추냉이를 먹고 숨이 멎을 뻔 했던, 맛과 관련된 당신만의 감각을 총동원해 보세요.

요즘은 먹을 것이 차고 넘치지만, 우리 어릴 적에는 사회적 혼란기에다 가난이라는 멍에까지 짊어지고 살았기 때문에 먹을 것이 항상 모자랐다. 나중에 철이 들어서야 알게 된 일이지만, 내가 태어나던 때 우리 어머니는 제대로 먹지를 못해서 젖이 나오지 않았다고 한다. 어린 갓난아이는 먹는 것이 엄마 젖뿐인데, 엄마 젖이 나오지 않다니……그래서 궁여

지책으로 하루에 연시 2개로 유년기를 어렵게 넘긴 사실을 알게 되었다.

그래서 그런지 나는 지금도 먹성이 남달라서, 연시뿐 아니라 사람이 먹을 수 있는 것은 아무 어려움 없이 먹을 수 있는 식성을 가지게 되었다. 중학교 때까지도 제대로 된 쌀이나 보리로 지은 밥은 먹어 본 기억이 거의 없다. 말라터진 무나 버석한 시래기에 된장을 훌훌 풀어 국물 가득 붓고 멀겋게 끓인 국과, 까슬까슬한 보리를 섞어 만든 밥, 그리고 달랑 간장 한 종지를 놓고 식구끼리 서로 눈치 보며 먹었던 기억이 난다.

음식의 맛과 관련해 자연스럽게 어렵고 혼란스러웠던 역사의 한 장을 들춰주는 글입니다. 자극적이며, 교훈적인 이야기가 아니어도 충분히 현실의 풍족함에 감사하며 살아갈 수 있는 메시지를 남겨주는 글입니다.

▶ 보고 듣는 것을 제외한 감각 중 대부분 잊혀질 수밖에 없는 감각은 만져지는 촉각일 것입니다. 여러분들은 장소나 사건을 묘사할 때 '느껴졌던' 것에 ─ 타듯이 쏟아지는 한 여름의 더위, 미친 듯한 눈보라로 인해 문고리의 섬뜩했던 차가움, 그녀의 뺨 위로 흘러내리는 뜨거운 눈물 ─ 유념하며, 글을 써나간다면, 회상의 좋은 자료가 될 것입니다.

여기 오감을 적절히 섞어 놓은 글이 있어 예로 제시해 봅니다. 여러분의 글에는 어느 정도의 감각기능이 작동중인가요?

⑪   ⑪

　-상　략-

　시골의 하늘은 더 높고 더 까맣다. 생각보다 별의 수가 작았다. 숙소까지 내려오면서 새삼 집을 떠나 왔음을 느끼며, 나이를 잊은 채 즐거워했다. 지정된 방으로 들어가 모두 씻고, 자리를 깔고 누우니 마치 고등학생이 된 듯 쭉 뻗은 두 다리로 편한 느낌이 들었다. 계곡에서는 자장가 인양 흐르는 물소리가 있고, 제주도에서 수학여행 온 학생들은 잠을 자지 않고 수선을 피운다. 선생님이 마이크에 대고 방송을 하기 시작한다. '학생들 어서 자' 하지만 학생들의 기분은 잠을 잘 수가 없는 모양이다. 그 학생들의 소리를 들으면서 우리가 먼저 잠이 든 것 같다.

　-중　략-

　예약된 식당에서는 보리밥을 한 상 가득 차려 왔다. 음식을 담아 온 그릇의 투박스러움에 색깔은 닥종이 무늬이며, 접시 하나하나에 노란색 콩나물, 은행색 애호박나물, 갈색 고사리나물, 흰색 도라지 볶음, 알맞게 익은 열무김치, 무 생채나물, 파전, 알 된장찌개가 나왔고, 주전자입이 달린 멋진 술 뚝배기 그 안에 담긴 뽀얀 막걸리……

　난 나물을 모두 넣고 고추장을 한 수저 푹 쏘셔 넣고, 볼이 터져라 쓱싹 쓱싹 비벼 먹었다. 오랜 만에 너무 맛있게 먹은 느낌이었다.

　-하　략-

글안에 오감을 적당히 섞어 놓으니, 생동하는 듯한 느낌과 그 밥상에 같이 앉아 있는 착각마저 들 정도입니다. 오감을 사용하기 위해서는 약간의 의식적인 노력이 필요합니다. 하지만, 이러한 사소한 노력이 여러분의 글안에서는 커다란 차이를 만들어 갈 수 있습니다.

3^{up}. 쓰고 또 써라

자서전을 쓰고자 마음먹었다면, 지정된 시간과 지정된 장소에서 쓰는 버릇을 가져야 합니다. 시간을 정할 수 없다면, 장소만큼은 꼭 정해서 쓰는 것이 좋은 글을 위한 첫 단추가 될 것입니다. 지정된 장소에서 글을 쓰면서 잘 쓰지 못할 것을 염려하지 말고, 일단 닥치는 대로 써 보는 겁니다. 좋은 그림을 위해서 많이 그려봐야 하듯이, 좋은 글을 위해서도 많은 글을 써 봐야 합니다.

앞서 썼던 연대기표를 다시 한 번 꺼내서 정리해 보세요. 그리고 내 생애 최고의 날을 찾아 표시해 보세요. 그 날을 가장 친한 친구에게 얘기한다고 상상해 보는 겁니다. 그 느낌으로 당신만의 공책에 적어보세요. 많은 글을 쓰겠다는 욕심은 버리고, 우선 2장만 적어보는 겁니다. 하지만, 흐릿하고 멍한 느낌으로 쓰지는 마세요. 명확하게 그날의 당신에 대해 적어보세요. 그 날에 당신은 무엇을 하고 있었나요? 그 때에 당신은 어디에 있었죠? (⟳ *30분간만 적으세요*)

2장을 다 썼다면 오늘의 몫은 다 한 겁니다. 그 다음 날 같은 장소에서 당신의 목소리로 어제 적은 내용을 한 번 읽어보세요. 어제와는 또 다른 감흥이 생길 겁니다. 그 감흥을 정리해 적어보세요. (⟳ *20분*)

그리고 생애 최고의 날에 대해 보충할 내용을 적어 나갑니다.

그 다음 날은 연대기표를 꺼내서 최악의 순간들을 표시해 보세요. 그 날에 느꼈던 감정과 왜 내게 이런 일들이 일어나게 되었는지, 곰곰이 생각하며 감정을 살려가면서 적어보세요. 어제와 마찬가지로 2장 정도의 분량으로 적어 나갑니다. (⟳ *30분*)

이런 식으로 당신의 연대기표를 최대한 활용해 계속된 쓰기에 도전해 보세요. 시간을 정해 놓고 쓸 때 집중해서 쓸 수 있는 힘이 발생됩니다.

그리고 출판을 위해서는 많은 양의 글이 필요합니다. 항상 짧은 메모의 글만 적어 오신 분이라면, 장문의 글이 무척 곤욕스럽게 느껴질 겁니다. 아래 장문을 쓰기 위한 일련의 단계를 참고 하세요:

▶ 우선, 큰 틀을 잡아 놓습니다. 머릿속의 구상을 종이에

적는 단계로, 종이는 되도록 큰 걸 준비하세요. 전지정도면 적당합니다. 책상 가득 큰 종이를 펼친 후, 나름대로 구분선을 그은 후, 생각한 주제를 그 선 안에 배치시키세요.

➤ 구분선 안에 있는 주제에 어울릴 만한 핵심어와 주요사건을 각 주제 밑에 적어보세요. 그 단어들을 중심으로 엉성하게나마 그 칸을 다 채워 나갑니다. 간혹 한 단어나, 한 문장 때문에 다음 글을 이어 나가지 못하는 분들이 계시는데요, 장문을 쓰는 것은 집을 만드는 것과 비슷합니다. 엉성해 보이지만, 급한 대로 뚝딱 지어 봅니다. 그런 다음 차근차근 창문도 달고 문도 다는 식으로, 집의 모양새를 갖춰 나가야 합니다. 처음에는 부실공사처럼 보이지만, 시간이 지날수록 견고한 집의 외관을 갖춰 나갈 수 있을 겁니다.

어느 정도 글이 완성되면, 마무리 수정작업은 필수입니다. 글을 빨리 그리고, 많이 쓰는 데만 급급했다면, 뒤를 돌아보고 수정하는 일도 게을리 해서는 안 되겠죠. 부실공사로 시작된 내 글을 꼼꼼한 수정작업을 거쳐 날림공사가 되지 않도록 해야 하니까요.

수정작업을 할 때는 주위 분들을 동참시키세요. 만약 자제분이나 손자가 있다면, 그들에게 글을 읽어보게 한 다음 그들의 충고에 귀를 기울이도록 하세요! 너무 자신만의 세계에 빠져 있기 때문에, 나의 취약점을 발견하기란 무척 어렵습니다.

여러분의 글을 놓고, 그들과 의견을 나누는 귀중한 시간을 가져 보세요!

4^{up.}. 육하원칙을 이용하자

우리 모두의 삶이 다르듯이, 자서전의 내용 또한 다양합니다. 그리고 자서전에는 어떤 고정된 틀이 없기 때문에 자유롭게 자신의 이야기를 써 나가면 됩니다. 하지만 글을 쓰는 데 보이지는 않지만 그 틀을 따라야 할 때도 있습니다. 바로 육하원칙이라는 건데요. 누가, 무엇을, 언제, 어디서, 어떻게, 왜? 이 6가지 원칙에 맞춰 귀결을 이어 나간다면 여러분의 글에는 어느 정도 짜임새가 갖춰지게 됩니다.

◎　◎

> 어릴 적 큰어머니는 나를 무척 싫어하셨던 게 틀림없었다. 커서 생각해 보니, 그도 그럴 것이라는 생각에 측은한 마음까지 들게 되었지만, 그 당시는 너무 서운해서 큰 어머니가 사시는 동네 근처는 가지도 않았던 기억이 난다.

어릴 적 가슴 아팠던 추억에 대해서 기술하려 한 것 같은데, 전후 사정이 없이 자기감정의 나열로만 이어져 있습니다. 읽는 이에게는 그 아픔을 공감할만한 근거가 전혀 제시되어 있지 않는 글입니다. 우리들이 기사문을 작성하는 것은 아니지만, 글에는 어느 정도의 육하원칙이 존재해야 됩니다.

⚾　⚾

　　어릴 적 큰어머니는 나를 무척 싫어하셨던 게 틀림없었다. 그 당시는 왜 그렇게 날 미워하시는지 알 수 없었으나 내가 고등학교를 다닐 쯤 어느 정도 커서 생각해 보니, 큰어머니의 처지를 이해할 수 있었다. 그 당시 아이를 낳지 못하는 여인 이라는 것이 얼마나 큰 벌이었는지……

　왜 그런지 이유에 대한 전후 사정만을 살짝 넣어줘도, 글 내용이 아주 새롭게 바뀌는 것을 알게 됩니다. 나의 이야기이니 본인은 척 보기만 해도 이게 어느 때의 이야기인줄 알 수 있지만, 다른 사람들은 여러분의 글을 자세히 읽어봐야 그때를 어림짐작 할 수 있습니다. 읽는 이들을 위해서라도 약간의 친절을 베푸세요. 누가, 무엇을, 언제, 어디서, 어떻게, 왜? 라는 원칙을 사용해 글의 기본적인 구조를 갖춰보세요.

　하지만, 이 원칙들이 필요조건이기는 하지만, 충분조건은 아니라는 것을 기억하세요.

5^{up.}. 틈새 벌리기

자서전은 사실만 전달하는 건조한 다큐멘터리가 아닙니다. 하지만 종종 자서전반을 지도하다 보면, 사실의 나열에만 신경 쓴 채 건조한 글을 이어가는 분들이 많이 있습니다. 자서전쓰기의 목적은 나의 삶을 글로 표현함으로써, 지금의 나와 과거의 나를 관조할 수 있는 통찰의 시간을 가지는데 있다고 해도 과언이 아닙니다. 그러기 위해서는 자서전속의 나와 글을 쓰고 있는 나와의 틈새를 벌려야 합니다. 그 틈새를 통해 지난날의 나를 객관화 시키는 것이 무엇보다 중요합니다. '객관화'라는 것은 어느 누구의 평가도 아닌, 나로부터 비롯된 독립적인 평가를 이야기합니다.

우리의 문화는 독립적이고 창조적인 모습보다는 다른 사람과 비슷한 길을 걸어가야만 인정해주는 편향된 사회구조를 가지고 있습니다. 이런 문화 속에서 나의 모습은 항상 남과 비교해서 비뚤어지지 않았는지 점검하며, 남들이 갔던 길을 나도 가야 하는 길로 강요받으며 성장해 왔습니다. 이런 문화 속에서 나 자신을 객관화 시키기란 무척 힘이 듭니다. 그래서 과거의 시간으로 들어서는 순간, 많은 분들이 그때의 감정에 빠져 길을 잃고 위축된 자신의 모습을 보며 중도에 포기하는 분들도 있습니다.

여러분들의 인생을 남들과 비교하지 마세요! 여러분의 인생은 그 자체로 위대합니다. 50평 이상 아파트가 없어도, 자식에게 남겨 줄 땅이 없어도, 내 가족들을 위해 열심히 일한 당신의 땀방울이 나를 해석하는 틀이 되어야 합니다. 이 틀을 갖추지 못한다면, 당신의 글은 실패한 인생을 내 자식에게만은 물려주지 않기를 바라는 한탄조의 반성문에 지나지 않을 것입니다.

마지막으로, 지금의 현재도 미래에는 과거가 됩니다. 여러분들의 과거는 지난날의 현재였듯이, 아픈 과거는 덮어둔다고 사라지지 않습니다. 당신의 소유인 과거와 현재를 서로 화해시키세요. 그러기 위해서는 그 사건을 되도록 자세히 떠올릴 수 있도록 노력해야 합니다. 그리고는 회상의 시간 속 과거의 아픔에 침몰된 채 어찌 할 바 모르는 나를 가만히 바라보세요. 지금 과거의 그 사람에게 살짝 말을 걸어 보는 겁니다. 무슨 일이냐는 듯이 대화를 요구하게 되면, 시간의 긴 강을 건넜기 때문에 과거의 상황은 이미 객관화가 되어 있습니다. 객관화된 상황을 바라보면 그때와는 다른 해석이 가능해 지게 됩니다.

6$^{up.}$. 너를 알려줘 - 위대한 발견

자서전은 나와 얽힌 주변 인물과의 사건 이야기가 주를 이루게 됩니다. 그러다 보니 자연스럽게 그동안 알고 지낸 수많은 인물들이 등장하게 되는데요, 그때 그들을 일컬어 '그', '그녀'라는 단선적인 정보만을 흘려준다면, 여러분의 글은 무척이나 심심한 글이 될 수밖에 없을 텐데요. 그럴 때 등장인물에 대한 세밀한 묘사는 자서전의 절반의 성공을 가져오는 결과를 낳을 수 있습니다. 바로 인간이 인간을 제일 궁금하게 여기기 때문이죠.

▶ 이름을 기억해

사람에게 이름만큼 중요한 것도 없을 텐데요. 태어나는 순간 정해진 이름이 평생을 가게 되니까요. 그리고 학창시절 내가 좋아하는 선생님이 나의 이름을 불러주기만 해도 그날 하루가 즐거웠던 날이 있었습니다.

여러분 글에 등장하는 인물들의 이름을 떠올려 보세요. 그냥 이모나, 고모, 선생님이 아니라 그들의 고유한 이름을 붙여 보세요. 미숙이모, 최정철 선생님 등. 그리고 사람의 이름뿐 아니라, 지명이나 건물에 대해서도 정확한 명칭을 붙이도록 합니다. 정확한 명칭을 붙이는 것이 중요한 이유로는, 독자들에게 선명한 이미지의 전달이 빠르고, 얘기하고자 하는 내용의 신뢰성뿐만 아니라 작가의 의도를 분명히 할 수 있게 도와주는 역할을 해 나가기 때문입니다. 또한 대상에 대한 정확한 명칭은 내 글에 대한 책임감과 전문성을 보여주는 좋은 일례가 될 수도 있습니다. 이제는 그 가게, 저 강, 그 사람으로 쓰지 말고, 정확한 이름을 붙이세요.

➤ 신체의 특징

등장인물의 신체적 묘사는 우리가 알지 못하는 누군가를 알 수 있게 해주는 실마리의 역할을 수행해 나갑니다. 가령 어린 시절의 할머니, 할아버지와 얽힌 이야기를 쓰려고 할 때 그저 '우리 할머니 할아버지'라고 시작하는 것보다는, 그분들의 신체적인 특징에 대해 언급해 주는 것이 한결 글을 매끄럽게 이어 나갈 수가 있습니다.

⚾   ⚾

어린 시절 할머니에 대한 느낌은 굽은 등과 거친 손의 딱딱함이다. 학교에서 돌아와 보면, 하얗게 센 머리에 쪽을 항상 단정하게 지시고, 고급스럽지는 않아도 체격에 잘 어울리는 한복차림으로 언제 어디서나 낮게 앉아 일을 하고 계신 모습이셨다. 그리곤 내가 가방을 벗어 던져 놓을 때쯤이면 내게 다가와 거친 등껍질 같은 손에 먹을 걸 들고 오셔서, 내 등을 토닥이며 소리 내어 내 이름을 부르셨던 것 같다.

위의 글은 할머니에 대한 향수를 외면적인－거친 손과 굽은 등－이미지로 끌어내면서, 손자에 대한 사랑까지도 형상화한 글로써 별 무리 없이 진행되었습니다. 아래의 글은 오랜만에 만난 동창의 신체적 특징을 예전과 지금을 비교하며, 과거와 현실이 공존하는 모양새를 보이고 있습니다.

⚾   ⚾

몇 년인가 흘러 우연히 버스터미널에서 동창 녀석을 만난 일이 있었다. 어릴 적 모습처럼 선하게 내려앉은 작고 가는 눈 꼬리며, 야물지 못해 보이는 엉성한 표정은 예전 모습 그대로였다. 학교 다닐 적에는 나와 비슷한 키로 중간쯤에 앉은 걸로 기억되는데, 지금은 나보다 주먹하나가 더 들어갈 정도로 키가 커 보이는 듯 했다. 그 녀석은 그때처럼 날 향해 작게 웃으며, 입술 가득 내 이름을 부르며 걸어오고 있었다.

▶ 옷

옷만큼 그 사람의 개성을 잘 표출하는 물건도 없을 텐데요. 옷을 입는 취향만으로도 그 사람의 기질을 어림짐작 할 수 있기 때문이죠. 어린 시절 놀이터로도 곧잘 활용했던 부모님의 옷장에는 왜 그리도 신기한 옷들이 많았던지, 부모님 두 분이 외출하기만을 기다렸다가, 꼭 그 옷들을 입어봐야 했던 때도 있었지요.

옷의 색깔로 기억되는 계절 중 가장 강렬한 색은 단연 겨울입니다. 어릴 때는 겨울밤이 왜 그리도 추웠던지, 부모님과 함께 빨간 내복에 형제들과 낄낄거리며 이불 속에서 장난치며 놀던 때가 생각납니다. 어린 시절 우리 부모님, 할머니, 할아버지는 어떤 옷을 입었을까요? 여러분들이 어린 시절 가장 즐겨 입었던 옷차림은 어떤 것이었는지 생각나세요?

멀리 살고 있던 친척 아이가 우리 집에 놀러 오던 날. 어린 내가 봐도 너무나 예쁜 털로 치장된 망토를 입고 왔다. 마치 토끼처럼 귀엽고 새하얀 망토에 까만 머리를 늘어뜨리고 내 앞에 나타나서는 요리조리 뛰어 다니던 그 아이 때문에 난 얼마나 울었는지 모른다. 그 당시 우리 집은 그 정도 옷을 사줄 형편이 안 되었던 걸로 기억된다. 엄마는 어디선가 비슷하게 생긴 옷을 들고 오셨지만, 영 내 마음에 차지 않았다. 희고 보드라운 털이 달려 있지 않았기 때문이었다. 그놈의 망토 때문에 친척 아이는 예정보다 빨리 돌아가야 했고, 엄마의 마음과 내 마음속에도 '가난'이라는 망토를 입혀 놓고 가버렸다.

⑪   ⑪

우리 아버지는 배를 타는 선주였다. 그래서 항상 작업하기 편한 옷으로 입고 다니신 기억이 난다. 비릿한 고기냄새와 함께 잠바차림의 아버지를 보면 항상 자랑스러웠는데, 친구 집에 놀러간 이후 그런 생각들은 모두 사라지게 되었다. 나의 가장 친한 친구의 아버지는 대기업의 과장으로 있었고, 대학교도 나왔단다. 퇴근하고 돌아온 친구아버지는 말쑥하게 양복과 넥타이를 한 신사 그 자체였다. 향긋한 냄새까지 나는 듯 했다.

집으로 돌아온 나는 주무시고 계신 아버지를 쳐다보았다. 그리고 머리맡에 항상 걸려있는 진녹색의 잠바도 바라보았다. 우리 아버지도 내 친구의 아버지처럼 양복과 넥타이를 했으면 좋겠다 라는 생각이 들었다. 그리고는 그 잠바를 원망스런 눈으로 바라보는 버릇이 생기게 되었다.

➤ 버 릇

그 사람을 떠올릴 때 생각나는 그만의 버릇이 있나요? 말을 할 때 재미있는 감탄사를 붙인다거나, 옆 사람에게 꼭 동의를 구하듯이 이야기 하는 친구, 걸음걸이가 남들보다 배는 빠르고, 술만 먹었다 하면 고성방가로 시끄러운 녀석들.

누군가를 묘사할 때 그만의 고유한 버릇을 한 번 생각해 보세요. 당신의 한 줄의 묘사가 등장인물에게는 생명력을 불어 넣고, 읽는 이들에게는 재미를 더 하게 됩니다.

> 고등학교 때 난 키가 작아서 주로 앞에 앉곤 했었다. 그때 내 옆 짝꿍인 민석이라는 녀석도 키가 나만한 것으로 알고 있는데, 자기 딴에는 나보다 크다고 느꼈었나보다. 그래서 항상 말끝마다, '콩알만 한 것이.'라는 표현을 자주 쓰곤 했다. 그리고 멀리서도 바라보면 금방 알아볼 수 있는 특징이 있었는데, 그건 모자를 푹 눌러쓰고 손은 주머니에 찔러 넣은 채 걸음을 엄청 빨리 걷는 녀석이 우리 반 민석이라는 녀석이었다.

7^{up}. 대화가 필요해

처음 자서전반에서 쓰여 진 모든 글에는 한 가지의 공통점이 발견되는데, 그건 모든 글이 설명하듯 자세한 서술체로 이뤄졌다는 겁니다. 모든 상황을 다 알고 있었던 신처럼 설명조로 시작해서, 설명조로 끝나고 있습니다. 우리가 타인과 나눈 자연스러운 대화까지도 설명하고 있으니까요. 우리가 소설을 읽을 때도 대화내용을 그대로 따라가다 보면, 자연스럽게 이해가 되는 것처럼, 여러분의 글에도 대화체가 필요할 때가 있습니다.

아주 중요한 일을 얘기하고자 할 때, 지루한 서술체로 이끌어 가는 것보다는 중간 중간 대화체로 독자들의 시선을 끊어 주는 것이 좋습니다. 대화체의 주요 기능 중의 하나인, 상황판단을 빨리할 수 있다는 점과 앞으로 전개될 이야기의 흥미를 계속 진전시킬 수 있는 기능은 여러분들의 글을 한 층 더 윤기 있게 만들어 나갈 수 있습니다.

⑪   ⑪

나는 어린 시절에 유달리 새를 좋아해서 산에 사는 새들의 둥지와 새끼들을 많이 관찰해 왔다. 그래서 집에서도 새장을 만들고 기르려고 잡아왔다가, 아버지로부터 야단도 많이 맞았다. 그리고 그때는 학교만 다녀오면 소꼴 베고 산에 몰고 가서 꼴 먹이는 일이 내 몫으로 돌아오곤 했다. 하지만 어릴 때라 그 일이 너무 하기 싫어 공부시간이 늦어 졌다며 놀다 와서는 야단을 많이 맞았던 기억이 난다.

식구들의 입에 풀칠도 어려운 시기에 학교에서 놀다왔으니 맞을 만도 했다.

대화 없이 어릴 적 상황을 평이한 서술체로 기록한 글입니다. 이 글에 대화체를 넣어서 한 번 고쳐 보도록 하겠습니다.

나는 어린 시절 유달리 새를 좋아해서 산에 사는 새들의 둥지와 새끼들을 많이 관찰해 왔다. 그래서 어느 날, 우리 집에서도 새장을 만들고 기를 수 있으면 좋겠다는 생각에 몇 마리를 잡아 집으로 돌아왔다. 집에 들어서자마자 나는 신이 나서 아버지께 이렇게 말씀드렸다.

"아버지, 제가 새 잡아 왔어요. 여기다가 새장 만들어서 제가 기를 거여요." 라는 말이 떨어지기가 무섭게 아버지는 호통을 치시며 "아니, 이 녀석아, 이런 새를 잡아와서 어쩌겠다는 거냐? 당장 돌려주고 와, 할 일이 산더미 같은데, 무슨 새는 새야!"

나는 새를 너무 키우고 싶었지만, 아버지로부터 야단을 맞고는 그냥 산으로 돌려보내고 말았다. 그리고 그때는 학교만 다녀오면 소꼴 배고 산에 몰고 가서 꼴 먹이는 일이 내 몫이었다. 하지만 난 그 일이 너무 싫어 어머니께 거짓말을 하곤 했다.

"오늘 학교에서 할 일이 많아서 늦은 거여요. 제가 놀다가 늦은 게 아니고요."

이런 거짓말이 통할 리가 없었다. 그리고는 부모님께 아주 많이 혼이 난 기억이 난다.

어린 시절의 회상장면에서 아버지와 나눈 대화만을 가지고도 시골마을의 바쁜 일상과 어린 사내아이의 동심을 엿볼 수 있습니다.

이처럼 대화체의 장점을 살린 글은 독자들이 서술형의 글보다는 쉽게 읽을 수 있다는 큰 매력을 가지고 있습니다. 그리고 긴박함과 같은 글의 완급을 조절할 수 있고, 좀 더 생동감 있게, 실제적인 모습을 나타낼 수 있다는 것이 가장 큰 강점 입니다.

Ⓜ   Ⓜ

여기 또 하나의 글을 소개합니다. 이 글을 읽고 어떤 대화를 넣으면, 좀 더 극적인 구성을 가질 수 있는지 생각해 보세요.

나는 군 휴가를 마치고 귀대 후 다음 겨울을 생각하니 왜 그렇게 세상 재미없고 지루하게 느껴졌던지……그래서 우리 집 식구들이 모두 깜짝 놀랄만한 사고를 치고 말았다. 월남 파월 장병으로 지원을 한 것이다. 기갑연대 대대 작전과에 소속되어서 정글을 누비고 다녔다. 월남, 지금은 베트남이라고 부르는 곳이다. 난 그 곳에서 잊을 수 없는 전우애를 몸소 체험하고 돌아오게 되었다. 먼 이국에서 같이 고생한 친구가 어느 날 작전도중 총탄에 맞아 전사한 일이 있었다. 피 흘리면서 내 옆에서 쓰러진 전우의 시체를 보았을 때의 참담함. 그 심정을 하늘은 알 수 있었을까? 부대에 귀대해서 그 친구의 물건들을 바라보며 얼마나 긴 시간을 혼자 울었던지……나의 친구여……

지루한 서술체의 틀에 대화체를 넣어 고쳐 보도록 하겠습니다. 어떤 변화가 일어날지 눈여겨보세요.

나는 군 휴가를 마치고 귀대 후 다음 겨울을 생각하니 왜 그렇게 세상 재미없고 지루하게 느껴졌던지……그래서 우리 집 식구들이 모두 깜짝 놀랄만한 사고를 치고 말았다.

"아버지, 어머니, 놀라지 마세요. 저 월남에 지원했습니다."

나의 이 말을 듣고 부모님이 기가 막혔나 보다.

"아이고, 이 놈아, 네가 지금 제 정신이냐, 가면 살아서 돌아오지도 못 한다는 그 곳에 왜 간다는 거냐. 얼마면 제대하는 놈이……"

이렇게 집안을 시끄럽게 만들어 놓고 난 월남 파월 장병으로 지원을 한 것이다. 기갑연대 대대 작전과에 소속되어서 정글을 누비고 다녔다. 월남, 지금은 베트남이라고 부르는 곳이다. 난 그 곳에서 잊을 수 없는 전우애를 몸소 체험하고 돌아오게 되었다. 먼 이국에서 같이 고생한 친구가 어느 날 작전도 중 총탄에 맞아 전사한 일이 있었다.

"흥만아, 흥만아, 눈 좀 떠 봐라, 이 놈아, 악! 이 피는 다 뭐냐? 야, 야, 이 자식아……흑 흑 ……말 좀 해라."

피 흘리면서 내 옆에서 쓰러진 전우의 시체를 보았을 때의 참담함. 그 심정을 하늘은 알 수 있었을까? 부대에 귀대해서 그 친구의 물건들을 바라보며 얼마나 긴 시간을 혼자 울었던지……나의 친구여.

"흥만아, 하늘나라는 안 춥지?"

어떠세요? 대화체를 넣은 글의 구성이 훨씬 탄탄해 보이지 않으세요? 단지 대화체만 삽입했을 뿐인데도 작가의 의도를 분명히 나타낸 좋은 글이라는 것을 다 아셨죠!

이제 여러분들의 글에도 대화를 시도해 보세요.

8$^{up.}$. 남들 자서전 읽어보기

나의 자서전을 어느 정도 쓰게 되면, 도대체 남들은 어떤 식으로 써 놓았는지 슬슬 궁금해지게 됩니다. 그럴 때 시중에 널리 나와 있는 유명한 자서전을 한 번 읽어 보세요. 예를 들어 유명한 프랭클린의 자서전을 읽어 보면, 그는 철저한 자기 관리로 현대인들로부터 성공의 인물로 인식되는 위인입니다. 하지만 실수로 인해 곤경에 빠진 모습을 발견하고는 '위대한 사람도 나처럼 어려움을 겪는구나, 얼마나 힘들었을까' 하는 생각에 인생의 동지를 얻은 기분으로 오늘 하루도 힘차게 살아가게 됩니다. 이것은 바로 자서전의 특징인 독자와 작가의 상호침투성의 결과입니다. 또한 남들이 써 놓은 걸 보게 되면 대단한 글도 아닌 듯, 평범하고 자연스럽게 적어 내려 간 것을 보고는 나도 할 수 있다는 자신감을 얻게 됩니다. 혹 자서전은 소설이 아니니까, 무척 지루하겠다는 생각이 들지도 모르지만, 출판되는 대다수의 자서전은 인생의 밑바닥에서부터 시작해 갖은 어려움을 겪고도 사회적으로 성공한 이력을 가진 인물들의 이야기가 주류를 이루고 있습니다. 읽다보면, 한편의 드라마라는 말이 나올 정도로 금방 한권을 읽어 나갈 수 있게 됩니다.

굳이 유명인의 것이 아니라도 좋습니다. 주변에서 구할 수 있는 보통의 자서전을 읽어 보는 것도 많은 도움이 됩니다. 평범한 사람들의 글을 읽고 나름대로 평가를 하는 것도 여러분의 글쓰기에 도움이 됩니다.

그리고 다른 글들에서는 배경이나, 등장인물에 대해서 어떻게 묘사하고 있는지 좋은 표현이 있으면 눈 여겨 봐 두세요. 그렇다고, 그대로 베끼는 것은 금물입니다. 그 수려한 문장을 통해 당신의 글속에 포함될 새로운 아이디어를 생각나게 해 줄 수 있을 정도만 참고하세요.

PART 6. 어렵게 생각하지 말고 가볍게 워밍 – 업

오래 살게 되어도 늙지는 마십시오. 우리가
태어나게된 〈위대한 신비〉 앞에서
호기심으로 가득찬 아이들처럼 계속
살아가십시오.
아인슈타인

자서전은 처음부터 끝까지 손끝에서 벌어지는 글쓰기의 연속입니다. 예전부터 펜을 조금이라도 잡아보신 분이라면 모를까, 그렇지 않은 분들은 글쓰기에 대한 두려움으로 시작조차 쉽지 않습니다. 그런 분들을 위해서 이 장이 활용되었으면 합니다. 또한 너무 긴 장문의 글로 인해 신선한 글감을 찾고 계신 분들을 위해서도 가볍게 적어 볼 수 있는 문장들로 긴장감을 해소할 수 있습니다.

그럼 들어가기 전에 준비사항을 말씀드리겠습니다.

내가 가장 좋아하는 펜과 깨끗한 종이, 그리고 나의 솔직함도 같이 준비하세요.

단, 깊은 사색은 사절입니다. 바로바로 떠오르는 단어를 잡으세요!

자! 들어가 볼까요?

1. 니들이 날 알어?

➤ 내가 좋아하는 거 소개하기

사계절중에 가장 좋아하는 계절은 언제입니까?

_____

그 계절에 들으면 좋을 것 같은 노래는 무엇인가요?

_____

내가 자주 들르는 찻집은 어디인가요?

_____

중요한 자리에 입고 가면 멋있을 것 같은 옷은 어떤 것인가요?

_____

내가 좋아하는 사람과 먹고 싶은 요리가 있습니까?

_____

유명인 중 내 친구로 삼고 싶은 사람 3명을 적어보세요.

_____

젊은 시절 용기가 없어서 하지 못했던 일 3가지를 적어보세요.

_____

지금 시작하면 잘 할 것 같은 일 3가지를 적어보세요.

_____

노란색을 떠올리면 생각나는 이미지를 적어보세요.

_____

요 근래 가장 좋아지게 된 노래를 흥얼거려보세요.

_____

당신 배우자의 말 중에서 들으면 힘이 나는 말이 있나요?

_____

당신의 자녀들에게 받고 싶은 선물은 무엇입니까?

_____

받은 선물 중 가장 기억에 남는 것은 무엇입니까?

_____

▶ 만약에

다시 태어난다면 어느 나라에서 태어나고 싶나요?

_____

어린 시절로 돌아간다면 부모님께 요구하고 싶은 것은 무엇
인가요?

_____

어린 시절로 돌아가 가장 하고 싶은 일은 무엇입니까?

_____

타임머신을 탄다면 역사적인 일들 중 바꾸고 싶은 일이 있
나요?

_____

신의 존재를 믿는다면, 신에게 가장 하고 싶은 말은 무엇입
니까?

_____

만약 지구가 멸망한다면, 당신이 마지막으로 해야 할 일은 무엇이라고 생각됩니까?

_____

외계인을 만나서 가장 자랑하고 싶은 지구의 자랑거리는 무엇이라고 생각됩니까?

_____

자서전이 출간된다면, 가장 먼저 주고 싶은 분은 누구입니까?

_____

2. 당신의 의견

➤ 우리나라의 음주문화에 대해서

_____

_____

_____

➤ 사형제도에 대해서

_____

_____

_____

➤ 남아선호사상에 대해서

_____

_____

_____

PART 7. 다시 한 번 정리해 보자

나는 일을 할 수 있는 한은 죽고 싶지 않다.
그리고 내가 일을 한다면, 죽어야 할
까닭이 없다. 그러므로 나는
오래 살 것이다.
슈바이처

짝짝짝! 축하드립니다.

여러분들은 다소 생소한 분야인 자서전쓰기 과정의 마지막까지 잘 따라 오셨습니다! 여러분들이 정말 자랑스럽습니다. 자서전! 처음에는 어떻게 써야 할지 막막했지만, 이제는 어느 정도 감을 잡으신 모습이 정말 보기 좋습니다. 자서전의 시작은 서로 같았지만 끝으로 향할수록, 많은 경험과 추억으로 인해 오직 나만의 책으로 변모해 가는 것을 발견할 수 있었을 겁니다.

흐뭇하게도 마지막 정상으로 가기 전 우리들에게는 뒤를 되돌아 볼 수 있는 여유가 있습니다. 여러분들이 저와 함께 자서전쓰기라는 험난한 주제로 어떠한 활동들을 같이 했었는지 짚어보는 것도 좋은 글로 마무리할 수 있는 기회가 되리라 봅니다.

1. 자서전을 쓰겠다는 의지 굳히기

시작이 반입니다.

가장 먼저 할 일은 왜 내가 자서전을 써야 하는가에 대한 동기를 분명히 해야 합니다. 글을 쓰고, 그것을 책으로 출간하는 하는 일은 분명 고된 작업입니다. 책을 쓰는 대신 여러분들은 남들처럼 한가로이 공원을 산책하고도 싶고, 친구들과 수다도 떨고 싶으며, 다른 사람이 쓴 책을 부담 없이 읽고도 싶습니다. 하지만, 이 모든 일에는 당신의 '선택'이 열쇠입니다. 당신만이 그것을 할 수 있습니다.

2. 내게 딱 맞는 제목과 주제 정하기

자서전을 쓰겠다고 마음먹었다면, 각자 책의 제목부터 정하세요.

'끝이 아닌 시작에 서서', '화려한 장미의 붉은 핏빛처럼 열정의 인생을 살았다' 등 책의 내용을 한 눈에 보여 줄 수 있는 여러분만의 제목을 정해 보세요. 어떤 식으로 써 나가겠다는 대강의 그림에 맞춰서 제목이 정해졌다면, 글의 내용은 자연스럽게 제목에 맞춰지게 되고, 글의 윤곽이 드러나게 됩니다. 좋아하는 글의 구절을 인용해 와도 좋습니다. 인상적인 영화제목, 꽃이나 나무와 같은 자연 상징물에서 그 모티브를 따와도 무방합니다.

그 다음은 자신에게 맞는 주제를 정하는 겁니다. Part 4에서 제시한 7가지 주제 중에서 쓰고 싶은 주제를 정하게 됩니다.

3. 나만의 프로젝트 짜기

주제까지 정했다면, 이젠 쓸 일만 남았습니다. 어린 시절부터 방학 때면 의례히 둥근 생활계획표를 짜본 실력들이 다 있으니, 여러분들의 글을 쓰는데도 계획표를 한 번 짜보도록 하세요. 전문적인 작가도 아닌데 계획표까지 세워 가면서 글을 쓸 필요가 있을까? 하는 의구심이 들 수도 있을 텐데요, 글이라는 것이 한정 없이 생각이 날 때까지 기다렸다가 쓰려고 하면, 언제 끝이 날지 알 수 없는 일이기 때문입니다.

일단, 시간과 분량을 정해놓습니다. 예를 들어 '나의 고향'에 대한 주제로 처음 쓰려고 한다며, 분량은 A4 용지 2장 이상, 시간은 되도록 짧게 하루나 이틀 정도로 잡습니다. 여러분의 글이 책으로 출간하려면 많은 양을 필요로 하기 때문에, A4 용지 2장 정도에서 시작해서 점차 양을 늘려가야 합니다. 그리고 되도록이면 정해진 시간에 글 쓰는 버릇을 가지도록 하세요. 자신이 가장 집중할 수 있는 시간을 선택하면 되는데요, 보통 작가들의 경우, 저녁부터 시작해 새벽까지 쓰는 경우들이 많은데, 그건 사람들의 하루 주기 중, 저녁시간이 가장 감상적인 일을 하기에 좋은 때이기 때문이라는군요.

여러분들의 경우는 어느 때가 가장 적당한지 한 번 정해보세요.

🍎 자서전을 위한 나만의 프로젝트

➤ 프로젝트 명:

➤ 프로젝트의 목적:

  •

  •

  •

우선순위	자서전쓰기 위해 할 일	시작일	마치는 일

➤ 돌발 상황에 대처하자

•   ⇨

•   ⇨

•   ⇨

4. 자료 찾아 삼만 리

기억 속을 더듬어 글을 쓰다보면, 언젠가는 바닥이 보이게 마련입니다. 이럴 때 더 이상 생각이 나지 않는다며, 글을 마무리한다면 여러분의 글은 한쪽으로 치우친 엉성한 글이 될 수밖에 없을 것입니다. 자서전은 내 머릿속에 있는 기억만을 고스란히 쏟아 붙는 작업이 아니라는 것은 앞에서도 강조한 바 있습니다. 나의 기억과 주변사람들의 증언, 그리고 사회적 배경을 적절히 가미한 좋은 글은 당신의 부지런함을 필요로 합니다.

우선 가까운 이들을 찾아가서, 그 당시 여러분들이 알지 못했던 이야기들이 있었는지 청해 보세요. 그리고 그 시절에 당신은 어떤 모습을 하고 있었는지 당신에 대한 감정을 물어 보도록 하세요. 타인의 눈에 비친 내 모습을 발견하는 것도 자아감을 형성하는 데 좋은 길잡이가 될 수 있습니다.

한 예로, 저희 자서전반의 한 분은 고향에 관한 글을 쓰기 위해 고향마을을 직접 찾으셨다고 합니다. 예전에도 물론 찾아 갔었지만, 자서전을 쓴다는 생각으로 여기저기를 다시 둘러보니, 새삼 어릴 적 생각에 돌멩이 하나에도 눈을 떼기 힘들었다는 말씀이 기억납니다.

두 번째, 그 시대를 대변해 줄 수 있는 신문을 찾아 봐야 합니다. 내가 태어났을 때 사회적으로는 어떤 일이 벌어지고 있었나? 내가 학교 다닐 때 가장 유행했던 일로는 무슨 일을 꼽을 수 있을까 등을 도서관이나 신문사를 찾아가 예전의 기록들을 다시 한 번 되 짚어봐야 합니다. 이러한 작업들은 그동안 당신의 삶을 지배하고 있던 사회적 이데올로기의 변천을 통해, 당신만의 관점이 어떻게 성숙되어 왔는지 그 단계별의 의미를 새롭게 부여할 수 있는 좋은 기회가 될 것입니다.

5. 고적한 곳에서 집필 시작

다양한 정보의 수집을 마쳤다면, 여러분은 아주 신중하게 여러분만의 방을 마련해야 합니다. 글을 쓰기 위해서는 기본적으로 갖춰져야 될 여러 가지 것들이 있는데, 그 중에서 가장 중요한 것이 나만의 방을 갖는 것입니다. 나만의 방을 갖는다는 것은 타인에게 방해받지 않고, 나를 돌아볼 수 있는 사색의 시작을 의미합니다. 여기서 나만의 방이라고 해서 거창할 필요는 없습니다. 영화로 만들어져 더 유명한 해리포터의 작가인 조앤 롤링은 동네 커피숍에 유모차를 끌고 가서 글을 썼다고 합니다. 여러분이 글을 쓰면 가장 잘 써질 만한 장소를 찾아 여러분만의 방으로 만들어 보세요!

그리고 그 곳에서 소박한 사치를 즐겨 보세요. 가장 아끼는 펜과 질 좋은 종이, 그리고 한 잔의 차를 준비해 당신만의 세계로 뛰어 들어가는 겁니다.

6. 점검의 시간

처음에는 펜 들기도 힘이 들다가, 서서히 시간이 지나면서 여러분들의 글에는 가속도가 붙기 시작할 겁니다. 가속도가 붙기 시작할 때 여러분들의 글은 점점 더 활력이 넘치게 될 텐데요. 그렇게 열정적으로 쓰다 보면, 잠시 쉬어 가야 할 때가 생기는 법입니다. 그때를 점검의 때로 삼아야 합니다. 너무 몰입해서 쓰다 보면, 주위를 돌아볼 여유가 없어지게 되고, 읽는 이에 대한 배려보다는 자기만의 감동 안에서 허우적대는 고양이가 될 수도 있으니까요.

유명한 헤밍웨이도 '노인과 바다'원고를 80번이나 되풀이해서 읽어 보았다고 합니다. 여러분들도 본인의 글을 써 놓기만 하고, 부족한 내용을 보충하지 않는다면, 글의 완성도는 떨어질 수밖에 없습니다. 간혹, 한 번 써놓은 글을 다시 보완하지 않은 채, 그대로 덮어버리는 분들이 계시는데요, 한 연구결과에 따르면, 고백의 진행 경과에 따라서 자기 지각에 변화가 온다는 사실입니다. 1차 고백 이후에 자기지각 수준은 심리적 상처경험을 떠올리기 전보다 현저하게 부정적으로 변화되었고, 2차 고백 후에도 더욱 부정적으로 변화되었습니다. 그러나 3번째의 고백의 글을 쓰고 나서는 자기 지각이 긍정적으로 회복되는 것으로 나타났습니다. 이 같은 결과는 고백이 자기 지각과 같은 기본적인 변화를 초래하기 위해서는 일련의 연속적인 고백과정이 계속 이어져야 함을 시사하는 것입니다.

7. 마무리

글의 뼈대가 어느 정도 완성되었다고 느껴지면, 서서히 그 뼈대에 살을 부치듯이 주제에 맞는 내용들로 재빠르게 채워나가야 합니다. 펜으로 쓰지는 않고, 머릿속에서 맴돌게 하다보면 여러분의 글은 영원히 미완성으로 남겨질지도 모르는 일입니다. 시작이 반이라면, 마무리는 여러분의 글이 활자로 태어나느냐 마느냐의 문제입니다. 아직도 덜 된 것 같은데 라는 생각으로 계속된 수정작업만 하다보면, 여러분들이 처음 가졌던 의욕들은 서서히 사라지고, 패배감이 모든 것을 수포로 만들어 버릴지 모릅니다. Part 7의 6번까지의 과정들을 모두 다 완수했다면, 재빠른 마무리로 더 이상 펜을 들지 않도록 해야 합니다.

글이 모두 마무리가 되었다면, 멋지게 나의 프로필을 작성해 보세요. 책을 사면 겉표지에 멋지게 작가의 사진과 함께 가벼운 약력이 들어간 글을 보셨을 겁니다. 여러분들도 이제 당당한 작가가 되셨으니, 여러분의 현재 근황을 실어 보는 것도 좋은 경험이 될 것입니다.

🍎_____님의 프로필!

얼굴사진

_____

_____

_____

_____

_____

PART 8. 나의 글을 세상에 알리자

사랑하고 있는 한 우리는 쓸모 있는 존재
이다. 사랑받고 있는 한 우리는 없어서는
안 될 존재이다.
로버트 루이스 스티븐슨

　여러분의 글이 모두 완성이 되었다면, 이제는 세상 밖으로 당신의 글을 알릴 차례입니다. 예전 같으면 출판이라는 것은 전문적인 작가가 아니라면, 꿈도 못 꿀 어려운 일로만 여겨져 왔었지만, 이제는 개인용 컴퓨터의 보급으로 누구나 손쉽게 소장용으로 책을 출간할 수 있게 되었습니다.

　바로 맞춤형 출판(POD: Printed On Demand)이라는 것으로서, 온라인 전자출판 시스템을 이용해 책 표지뿐 아니라, 두께·글씨체까지도 내 마음대로 정할 수 있는 출판 형식입니다. 책 만들기 작업에는 모든 내용을 본인이 직접 작성하는 경우와, 나의 이야기를 대신 작성해주는 대필 서비스로 이뤄져 있습니다. 가격대는 서점 유통을 원하는 경우와 그렇지 않은 경우로 2배가량의 차이가 납니다. 하지만, 소량으로도 출판이 가능해 저렴하게 나만의 책을 주위 분들과 나눌 수 있습니다.

　두 번째, 가장 손쉬운 방법으로는 컴퓨터로 편집한 글을 복사하는 곳에서 제본하는 방법이 있습니다. 전문적이며 세련된 책의 모양새는 갖출 수 없겠지만, 가격이 저렴하고, 신속하게 완성된다는 장점이 있습니다. 근사한 표지나 멋진 일러스트레이션이 들어가지 않아도, 나만의 책으로 출판된다는 느낌만은 달라지지 않을 것입니다.

　세 번째, 컴퓨터상의 포털 사이트 블로그에 글을 올리는 방법입니다. 저희 자서전반에서 해왔던 방법으로 본인의 블로그를 만들어 그 안의 한 공간에 자신의 자서전을 입력하는 방법입니다. 이 방법은 책이라는 결과물로 나타나지는 않지만, 계속적으로 글을 이어 나갈 수 있다는 연속성과, 많은 이들에게 읽혀진다는 장점, 그리고 출판에 드는 비용을 줄일 수 있다는 이 점이 있습니다.

 책으로 출판되어서 주위 분들에게 나눠 드린 후 반응을 살피기란 어려운 일이지만, 컴퓨터상에서의 반응은 무척 빠르게 전개되기 때문에 쌍방 간의 의견교환까지도 가능합니다. 저희 자서전반 같은 경우, 본인의 글을 개인 블로그에 올리는 작업을 통해 자녀뿐 아니라, 손자와의 대화도 가능해졌다는 이야기를 듣게 됩니다. 항상 같이 있기 때문에, 쑥스러워 할 수 없었던 이야기들, 그리고 지금 자녀와 같은 시절이 우리 부모님에게도 존재했었다는 전설 같은 이야기들을 통해서 자녀와의 소통이 부드러워진 결과라 할 수 있습니다. 또한 나의 자서전을 통해 모르고 지나쳤을 뻔 했던 선후배를 찾게 된 일도 있었습니다.

자서전쓰기라는 먼 길을 함께 해 주신 여러분들께 감사드립니다.

유명인과 정치인들의 화려한 자서전이 판치는 이 세태에 여러분들의 작은 이야기는 서로의 마음을 위로하는 선물과도 같은 존재입니다. 혼자의 힘으로 한 권의 책을 만들어 가기란 무척 힘이 드는 작업입니다. 아직 우리 사회에서는 노년기 자서전쓰기라는 분야가 생소하기 때문에 많은 어려움이 있었지만, 여러분들의 그칠 줄 모르는 도전정신이 이 먼 길을 가능하게 해 주었습니다.

모르는 타인으로 만나서, 개인의 이야기를 서로 나누는 것이 무척 어려운 일인 줄 알고 있습니다. 하지만, 그 사실에 대해 거부감 없이 열린 마음으로 일련의 수업과정에 참여해 주신 모든 분께 감사드립니다. 여러분들의 자서전은 노년의 시작이라는 인생에 있어서, 또 하나의 가능성을 열어갈 중요한 주춧돌이 될 것입니다. 그동안 시간에 쫓겨서 나의 가족, 나의 인생에 대해 생각할 겨를도 없이 달려왔지만, 여러분들의 인생이 한 줄 한 줄의 글로 정리되는 순간 또 다른 세계를 받아들일 이유가 생기는 겁니다.

성공적인 노화는 수확을 마치고 겨울에 대비해 꼼꼼하게 활동채비를 하면서 가을을 성공적으로 보내는 것과 흡사하다는 글을 읽은 기억이 납니다. 우리는 생의 마지막 1~2퍼센트의 나날들이 그다지 즐겁지만은 않으리라는 사실을 냉정하게 받아들여야 합니다. 그러나 성공적인 노화, 즉 성공적인 삶은 노년을 삶의 일부로 받아들이는 것을 의미합니다.

노년의 많은 분들이 빛나는 졸업장처럼 한 권의 책을 가질 수 있었으면 합니다. 마치 신의 섭리를 받아들이듯이 말이에요. 자서전이란 것은 과거와 현재, 그리고 미래를 넘나들며 지금의 현실을 즐길 수 있게 해주는 멋진 여행과도 같습니다.

여행 중에 목도 마르고, 힘도 들면서, 내가 왜 이런 힘든 일을 시작했나 하는 후회가 들 수 도 있겠지만, 여행의 끝에 이르게 될 때의 그 희열! 그 희열은 다른 누구와도 나눌 수 없는 나만의 만족감으로 영원히 기억될 것입니다. 한 연구결과에 의하면, 100세 이상 장수하는 사람들은 평균 97세까지 매우 건강하게 살아간다고 합니다. 순간순간을 찰나로 흘려보내지 마세요. 그 순간이 한 줄의 글로 남겨질 때 후손과의 영원한 대화가 가능해 집니다.

자서전이라는 것은 글을 쓰는 작문의 문제만은 아닙니다. 우리들의 노년을 어떻게 바라봐야 되는 건지, 인생의 마지막을 어떻게 맞이해야 되는지의 문제에 대한 자신만의 해답을 찾는 과정입니다. 여기 자서전반에 참여했던 한 분의 글을 통해, 노년을 바라보는 자신만의 모습을 떠올렸으면 합니다.

⑪　　⑪

　　노을이 아름다운 것은 순식간에 사라짐의 미덕이리라.
　　노을의 흔적 다음은 컴컴한 어둠이라는 것을 알기에 더욱 노을은 아름답다.
　　시간을 주체할 수 없어 쩔쩔매던 젊은 날들보다는, 하루하루를 더욱 소중하게 여기는 지금의 이 자리가 있어 더 행복하다.
　　아름다웠던 노을들을 떠올려 본다.

　서해에 바다낚시를 갔었던 먼 옛날, 아마존 강에서 보았던 그 황홀했던 노을.

　매일 한 번씩 있었을 그 저녁노을이건만,

　내 기억에 담긴 특별했던 저녁노을들이 다시금 생각나는 순간.

　아마도 그건 내가 노년이라는 저녁노을에 도달했기에 이토록 노을의

　아름다움에 빠져드는 지도 모르겠다.

부 록

* 부록-자서전 예시❶

🍎 하원의 정원

-상 략-

아직도 날씨는 추웠다. 내의는 전쟁 전에 입어봤고, 이젠 엄마가 만들어 준 솜옷뿐이다. 바람이 옷 사이로 뚫고 들어와도 서울로 향한 발걸음 앞에서는 한 여름의 바람이었다. 깜둥이한데 혼난 아줌마도 우리를 따라 나섰다. 기철이는 그저 좋기만 한데, 남석이는 눈물을 글썽인다. 이 동네를 떠나는 타지 사람으로는 기철이네가 처음이 아닌, 세 번째이다. 얼마 전에는 처음으로 떠났다가 되돌아 온 사람도 있었다.

아버지가 만들어 주셨던 짚신 세 개는 어느새 없어졌고, 엄마가 세 번째 만들어 주신 짚신을 신고 산뜻하게 출발할 수 있었다. 아줌마는 남편과 딸을 찾기 위해 서울 우리 집에서 하룻밤을 보내고, 고향인 춘천으로 떠나려나 보다. 어려우면 집을 알았으니 꼭 다시 오라는 엄마의 말을 뒤로 한 채, 마포 쪽으로 향했다. 등에 업힌 막둥이는 걷겠다고 떼를 쓴다. 그동안 얼굴이 많이 상해서 안타까웠는데 이젠 웃기까지 한다. 앓고 난 뒤라 조금만 걷게 하고는 다시 등에 업혀 온다.

"엄마, 막둥이 무겁지?" 하고 내가 물었다.

"힘이 들긴 해도 업는 것이 서로에게 춥지가 않아서 좋네."

역시 엄마는 엄마다. 더욱 중요한 것은 어둡기 전에 강을 건너야 하기 때문에 빨리 서둘러 가자고 하신다. 영등포에서 샛강을 건너 여의도 모래톱을 걷는데, 어떤 모래는 아직도 얼음을 품고 있어서 단단하고, 어떤 모래는 축축해서 버선이 눅눅해짐을 느낀다. 이 길은 후퇴 때 가던 바로 그 길이었다. 모래톱 끝 강물 바로 앞에서 소리친다. 기철이는 '아버지' 하는데, 엄마는 '여-보'라 하고, 아줌마는 '아저씨'라 한다. 아버지는 이름을 여러 개 갖고 계신다.

해는 밤섬과 비행장 사이 저 끝 땅에서 반 쯤 기울기전 얼굴을 기철이에게 보여주기 위해 붉고 노란 빛을 주위에 뿌려주고 있을 때, 저 건너에서 아버지가 배를 갖고 오신다. 피난을 갈 때에 배란 배는 모두가 이쪽에 있었는데, 지금은 저쪽에 몰려 있다. 이쪽에 배가 한 척이라도 있다면 살그머니 건너가 아버지를 깜짝 놀라게 할 것을……

아버지는 이제나 저제나 우리가 올 것을 아시고 하루에도 몇 차례씩이나 한길에 나와 보셨다고 하신다. 무려 70여일 만에 우리는 다시 만났고, 아버지는 고기 간스메와 생선 간스메를 열개나 드렸는데, 술도 못하시는 분이 술 생각이 절로 나서 간스메를 안주삼아, 세상모르고 잠을 청하셨다고 한다.

군포에서 한참 떨어진 시골에 있을 때는 그래도 먹을 것이 있었는데, 고향에서는 오히려 한두 번쯤은 굶어야만 했다. 3월이 지나고 4월 중순쯤, 강 상류에서 고구마, 감자 등 밭작물을 싣고

온 배들 때문에 아버지는 바빠지셨고, 엄마는 광을 헐어 방을 세 칸이나 만드셨다. 아래 강은 막혀서 배들이 못 들어 왔고, 위 강에서 배들의 숫자는 늘어나고 있었으나, 전쟁 전만은 못하다 하셨다. 그때부터 우리 식구는 비록 쌀은 못 먹어도 굶지는 않고 지내게 되었다.

기철이는 남정국민학교를 다녔으나, 금양국민학교에서 6학년을 다니다 졸업했다. 고모는 부산에서 이혼하고 다른 사람과 결혼해서 자리를 잡았다고 한다. 시누가 이혼했다는 소식을 들은 엄마는 독한 사람이라 했고, 아버지는 못된 것이라 하셨다. 엄마는 시누 남편이 시동생일로 죽을 고비를 넘기고, 아이들을 건사해 주느라 항상 고맙게 여겼는데, 고모부를 고모가 주변머리 없다고 쫓아내서는, 부산에서 유부남인 능력 많은 남자와 재혼하고, 본 부인과도 이혼을 시켰다고 했다. 버림받은 고모부는 그 후로 소식이 끊겼고, 고모의 딸과 아들은 따로 사준 집에서 잘 먹고 산다고 들었다.

그럼 기범이는 왜 강을 건너지 않고 노량진에서 진을 치고 있었을까? 아버지가 철도국에 취직까지 시켜 줬는데도 며칠 다니다 그만 두었다. 이유인즉슨 '잠'이라나? 다시 말해 게으름이 도진 것이다. 장가를 가서 두 딸의 아버지인데도 아침에 일어나지 못하니 어찌 가장이라 할 수 있는가? 그러면서도 먹을 것이 떨어지면, 처인 경남이와 8살짜리 딸 신자에게 고래고래 소리를 지르며 손에 잡히는 것은 아무거나 집어 던지며 괴롭힌다니 가관이 아닐 수 없다. 그래서 사람에게는 교육이라는 것이 필요한가 보다. 강을 건너지 않고, 혼자만의 생활을 누리려 했다면, 최소한 자기 가족의 생계만이라도 책임을 줬어야 하지 않았을까 하는 생각을 해본다.

-중 략-

철도국에 다니는 윤성이네가 남례의 집에 세 들어 살게 되었다. 윤성이 아버지는 괴팍한 사람이다. 술을 먹지 않았을 때는 싱긋 웃기만 하고 말도 없는데, 술만 마셨다 하면 사람이 돌변해 버리고 만다. 술을 먹어도 밖에서는 아무 일이 없는데, 집에만 들어서면 마누라와 자식을 쥐 잡듯 못살게 굴었다. 문제는 술 마시는 날이 자꾸 많아졌다는데 있다. 남례가 그렇게 야단을 쳐도 술만 먹었다 하면 인사불성이다. 그래서 술을 먹고 들어오는 날이면 윤성이네 가족을 안방으로 숨겨 주었다. 그 윤성어멈를 숨겨준 것이 남례였다. 남례와 경남이는 그런 윤성어멈을 끔찍이 아끼고 보호해 준 것이 끝내는 자신에게 배신의 화살로 돌아오게 될 줄은 꿈에도 생각지 못했으리라!

언제부턴가 기범이와 윤성어멈은 눈이 맞아 버렸다. 그리고 그 사이 윤성 아범은 술을 먹다가 그만 죽고 말았다. 아무것도 모르는 남례와 경남이 식구들은 윤성어멈을 도와 장례까지 치러 주었다. 그런 후 기범이는 어디에서 구했는지 삼청동에 방을 얻어 주제 파악도 못하고, 윤성이네와 두 집 살림을 차리게 되었다. 이때의 남례는 아들을 잃어야 했던 아픔, 두 채 반의 집을 날린 아픔, 전쟁으로 재산과 직업을 잃어버린 체념에 또 하나의 아픔을 겪게 된다. 경남이도 시어머님께 원망을 해야 하는지 어떤지 몰라 멍하니 속만 태우고 있었다.

　-중　략-

　고교를 졸업하고 대학시험을 포기한 채, 매일 도서관 생활을 하고 있는 기철이에게 남례는 외손자의 안부를 알아보라고 했다. 그래서 기철이는 춘천의 군단본부 입구 위병초소에 서게 된다. 참모장의 처남이라서인지 대접이 좋았다. 군인들이 적어 준 주소지를 물어 물어서 도착해 보니, 넓은 마당에서 놀고 있는 세 놈이 보이는데, 어찌 참모장의 자식들이 저 모양이란 말인가? 이건 완전히 거지꼴이다. 다른 애들은 잘 입지는 않아도 깨끗한데, 혜숙이 옷은 흰 옷인데 하도 때가 껴서 완전히 검은색이다. 기철이는 혜숙이를 잡고 쏟아지는 눈물을 감출 수가 없었다.

　"삼촌이 올 줄 알았어."

　다른 조카 녀석인 명렬이, 종렬이가 달려들며 이렇게 얘기하는 게 아닌가!

　"그걸 네가 어떻게 알았어?"

　"아까 아버지가 왔는데, 새엄마랑 하는 얘기 들었어."

　기철이는 남례가 애들이 잘 지내면 놔두고, 여의치 않거든 용돈을 주고 오라는 것을 만지작거리고 있는데, 저희 집에 들어가자고 성화다.

　"저녁밥은 먹었냐?"

　"아직"

　"삼촌이 밥 사줄게. 시장 쪽으로 가보자."

시장 쪽 식당에서 밥을 시켜 어린 조카들에게 먹이는데, 이건 마치 걸신들린 흥부새끼들처럼 밥을 두 번이나 추가시켜서야 겨우 수저를 놓는다.

이미 서울 행 기차는 모두 끊어졌다. 조카들을 돌려보낼 때 주머니 돈 모두를 명렬이에게 쥐어 주고 나니 무일푼이 되었다. 여기저기 다니다 보니 성당이 눈에 들어 왔다. 성당의자는 등받이가 있는 긴 의자여서 눕기가 편했다. 깜박 잠이 들었는데, 갑자기 하나님 말씀이 들리는 듯 했다.

"기철아! 여기는 잠자는 곳이 아니다."

눈을 떠 보니 성당 지키는 아저씨가 여기는 잠자는 곳이 아니라며, 자기 방으로 가자고 하신다. 방으로 들어서서, 아저씨는 자초지종을 물어 오셨고, 그간의 사정을 얘기하고 나니 벌써 날이 밝았다. 그분은 차비를 주며 지금 나가면 첫 차를 타고 집에 갈 수 있다고 했다.

그렇게 해서 집에 돌아온 기철은 유근춘의 냉대는 숨긴 채, 외손자 얘기만 전했다.

"모두가 거지꼴이더구먼, 명렬이만 학교를 다니고, 두 놈은 학교도 못 나가게 하고, 그나마 명렬이도 등록금을 못 내서 학교도 못 나가게 생겼더라고요."

마침 집에 와 있던, 악구가 이 이야기를 전해 듣고는 분통을 터트리며 소리를 지르고는 훌쩍 어디론가 사라졌다.

다음 해 구정을 보낸 남례는 기철이를 앞세워 춘천으로 향했다. 유근춘을 불러놓고 엄히 꾸짖는다. 그러나 그것이 무슨 소용이란 말인가! 그래도 양심은 마르지 않았는지 애들을 데리고 나가서 새 옷을 사 입혀 온다. 또 여비를 하라며 얼마의 돈을 옛날 장모에게 주고, 명렬에게도 준다. 이렇게 해서 남례는 외손자들을 데리고 와서는 학교에 다니게 했는데, 이것이 곰팅이에게 들켜서 또 한 바탕 집안이 왈칵 뒤집히는 계기가 되었다. 어디서 나타났는지 악구와 곰팅이는 서로 머리채를 끌며 댕기며 온 동네를 시끄럽게 했고, 역시나 파출소에서는 오지 않았다.

그런 후 악구는 아이들을 데리고 부산으로 떠났다.

"너도 똑같은 년이라, 이 애들 교육도 못시킨다. 여기에 둬라."

어미인 남례의 말조차 무시하고는 떠난 것이다. 부산에선 누군들 반기겠는가! 그래도 마음씨 착한 문춘일씨가 그들을 건사해 주어 명렬이와 종렬이는 운전을 배워 버스기사가 되었다. 명렬이와 혜숙이는 장가가고 시집가면서 애비 없는 자식모양이 됐고, 종렬이는 오십이 가까워도 장가들 생각을 안 하고 있다가 어떻게 만났는가 어느 여자와 무자식이 상팔자라며 사는데, 이들 역시 매사가 남탓이다. 그래도 이놈들은 큰 외손자들 같이 할머니 원망은 안 해도 고마움을 모르고 살고 있으니, 얼마나 딱한 노릇인가. 고마움을 모르긴 부산의 이모와 이모부 문춘일에게도 마찬가지이다. 그리고 자식들 중 어미인 악구를 모시고 살겠다고 나서질 않아서 혜화동에서 영세인으로 등록된 채 살고 있다.

그런데 명렬이 녀석 부모보다 먼저 죽었다. 애비에게는 연락해서 오게 만들어 놓고서는 어미인 악구에게는 연락조차 하지 않았다. 이유는 쇼크로 죽을까라는 데, 정말이었을까?

🍎 자서전 후기

  e 실버호스텔 교육과정 중 '나를 찾아서 떠나는 여행'이라는 거창한 제목의 자서전 쓰는 시간이 주어졌다. 먼저, 자서전을 쓰기 위해 나의 살아온 생애를 더듬어가며 이력서를 작성해 보았다. 본적 주소, 학력, 경력, 군력, 상벌 등을 적고, 또 이 시간까지의 우리 가족의 구성원과 변화들을 회상해 보았다. 그 시대의 사회와 환경, 나 자신의 위치와 나름대로의 이념을 떠올리며 연대기표를 작성하고, 나의 추억들을 대조해가면서 나의 짧았던 일생을 정리해 나가기 시작했다.

  대략의 아이템을 간추리고 모두 서술해 나가자니, 제한된 시간에 광범위한 내용을 적어 나가기에는 한계가 있어 보였다. 그래서 내가 살아온 생애를 대략적으로 관찰하는 순서를 우선 취하게 되었다. 간략하게 서술하는 과정 중에서도, 내가 가장 마음 아파했었던 환경과 이를 극복해 나가는 과정을 싣고자 마음먹었다. 당시의 환경을 배경으로 서술하고, 앞으로의 남은 삶을 기획하는 자세로 써 나갔다.

  하루 이틀이 지나고 어느 덧 자서전을 모두 다 완성하게 되자, 여러 변화가 나 자신과 가족을 비롯한 주위의 많은 곳에서 발견되었다. 우선 나 자신을 살펴보면, 나의 걸어온 과거는 항상 많은 것이 부족했던 시기였다. 그 과거에 대해 결핍의 시기로만 인식한 채 모든 것을 부정적인 면으로만 인식한 과거를 접고 심리적인 안정을 되찾게 된 계기가 주어졌다. 또한 내 생애를 통과한 부정적 사건들을 모두 다 인정하기에 이르렀다. 내가 하던 일이 실패라도 하게 되면, 과거의 부정적인 일들을 모두 다 반추해서 지금의 실패와 결부 짓던 내가, 이제는 나의 부족함은 주위의 여러 사람을 통해 메워질 수 있다는 긍정적인 생각을 갖게 되었다.

아! 이 얼마나 대단한 변화인지!

그리고 비록 노년에 접어든 지금이라도 마음의 평정을 찾고, 앞으로의 남은 인생을 보다 적극적으로 살아나가야겠다고 마음을 가다듬게 되었다.

그리고 또 다른 변화는 자서전을 통해서 바라본 주위의 시선이다. 비록 간단하게나마 나의 발자취를 글로 남겼는데, 나의 과거의 생을 가족을 비롯한 주위의 사람들과 공유할 수 있게 되었다는 점이다. 내 삶에서 나만의 생애와 자아개념이 아니라, 가족을 비롯한 주위의 모든 사람이 나와 같은 한 세대를 공감하게 된 놀라운 변화였다. 그러면서 나를 좀 더 바르게 인식·이해하게 되었고, 미래에 대해 긍정적인 눈으로 바라보게 되었다.

자서전이라는 한 줄의 시작이 이리도 많은 것을 바꿔놓게 될 줄은 상상도 할 수 없었던 일이었다. 처음의 시작을 잘 이겨낸 나 자신이 대견스럽고, 펜을 들고 써 내려갔던 용기를 나의 후손들과 나누고 싶다.

자서전 예시❷

🍎 55년의 비밀

호주인이 겪은 남태평양의 악몽

두 자식과 함께 물에 빠졌는데 한 아이의 손을 놓아야 하는 상황이라면 누구를 택할 것인가?

부모로서 겪을 수 있는 가장 악몽 같은 순간을 남아시아 지진 해일(쓰나미) 사태에서 직접 경험한 호주인 어머니의 이야기를 AFP통신이 2004. 12/30일 소개했다. 지난 12/26일 오전 태국 푸켓의 한 호텔 수영장. 질리언 설은 큰아들 라키(5살), 둘째아들 블레이크(1살)와 함께 있다가, 거대한 해일이 들이닥치자 모두 물에 휩쓸리기 시작했다. 간신히 두 아이의 손을 잡았지만, 가라앉지 않으려 발버둥치면서 세 모자는 점점 힘이 빠졌다. 두 아이 모두 살릴 수 없다는 생각이 들었다.

"누군가를 포기하지 않으면 모두가 목숨을 잃을 수 있다고 생각했어요."

어머니는 어쩔 수 없이 큰아들을 주위에 있던 어느 부인에게 부탁했다. 하지만 나중에 그로부터 "아드님을 끝까지 붙들지 못해 죄송해요"라는 사과의 말을 듣고 절망에 빠졌다. 아버지는 기저귀를 가지러 방에 올라갔다가 발코니에서 이 끔찍한 장면을 지켜 볼 수밖에 없었다. 그는 "두 번째 파도가 몰려오고 아들이 물 속에 빠지는 것을 봤다. 내 인생에 정말 이렇게 끔찍한 순간은 없었다"고 떠올렸다.

설 부부는 미친 듯이 아들을 찾아 헤맸다. 그런데 몇 시간 만
에 해안경비원의 품에 안겨 있는 아들을 발견할 수 있었다. 라
키는 호텔 로비의 기둥을 붙잡고 매달려 있다가 물이 빠지면서
구조가 되었다. 라키는 "엄마를 부르며 한참 울다가 지쳐서 더
이상 안 울었다"며 "손은 온통 흙투성이고 옷은 빨아야 한다"고
천진스럽게 이야기했다.

어머니는 "수영을 하지 못할 뿐 아니라 물에 대한 공포증이
있는 큰아들과 갓난아기를 데리고 무사히 살아 나왔다는 게 믿
어지지 않는다"고 말했다.

(2004. 12. 31자 모 일간에서)

이 기사를 보고 한수는 55년 전의 일이 생각나서 한없이 울었
다.

● 미군폭격기의 고마움과 상처(잃어버린 둘째)

1950년 여름날 4살 난 한수는 마포 어느 철둑길 언덕에서 꽃
과 풀을 뜯으며 한가롭게 놀고 있었다. 그 시간에 조금 멀리 떨
어진 마포초등학교 운동장에서는 인민군에 끌려갈 서울의 젊은
청년들이 소집되어, 전선으로 떠나기 직전이었다. 그 속에는 한
수의 아버지도 끼어 있었는데, 그 때 난데없이 하늘에서는 찢어

지는 굉음이 울려 퍼졌고, 검은 물체가 떨어지며 천지를 뒤흔드는 폭풍우와 함께 초등학교는 검은 연기로 아수라장이 되었다.

🍎 똥구덩이에 빠진 아버지

이 때를 놓치지 않고 한수 아버지는 자유의 땅을 찾아 담을 넘어 걸음아, 날 살려라 들판으로 달리기 시작했다. 얼마를 달렸는지 어떻게 무엇을 밟고 온 지도 몰랐다. 생각은 온통 이 곳을 탈출해야 한다는 생각뿐이었다. 옷은 철조망에 찢기어 있었고, 몸에는 피가 흘렀지만 어찌된 영문인지 알 수가 없었다. 그리고 얼마나 다급했던지, 들판 중앙에 넓은 똥구덩이가 있었는데 그 곳에 빠져 허리춤에까지 오물이 묻어 냄새가 진동을 했는데도, 그 곳을 빠져 나오기가 철조망을 넘기보다 더 힘들었다고 회고하시며, 똥 냄새를 안고 가면서도 똥 냄새를 전혀 몰랐다고 하셨다.

훗날 40년 후 한수의 두 아들인 손자들은 그 이야기를 소재로 글짓기 시간에 두 명의 손자들에게 특상을 안겨주기도 했다.

한편 그 시간에 ㄴ자로 굽은 철길 인근에 위치한 한수네 집에서는, 마당에서 한수어머니가 빨래를 하고 있었고, 마당 한가운데는 반공호가 있어 한수의 형이 들어가 놀고 있었다. 한수의 여동생은 간난 애기로 좁아터진 하꼬방에서 한가롭게 하품을 하며 졸고 있었다. 그런데 난데없는 미군 비행기의 폭격으로 집은 무너지고 옆집에는 불길이 번지기 시작했다. 어머니는 방에 있는 막내 여동생 1살배기 아기를 둘러업고 마당의 6살 난 형의 손목을 틀어잡고 뛰기 시작했다.

얼마를 뛰었는지 한강이 보이고서야 정신이 돌아 왔고, 그제 야 둘째가 없어진 것을 알게 되었다.

"아고, 우리 둘째가 없어졌네, 이 일을 어쩔꼬, 아고, 우리 둘 째야."

어머니는 결심을 한 듯 어린 두 남매를 강가 들판 포탄이 훑 고 간 작은 웅덩이에 포대기 끈으로 묶어 놓았다.

"절대로 바깥으로 나오면 안 된다. 나오면 이 엄마하고는 영 이별이다. 알겠나?"

어린 것들과 절대로 바깥으로 나오면 아니 된다고 다짐을 하 고 또 하고는 다시 빗발치는 포탄 밭을 지나 집으로 찾아 들어 갔다. 모성애가 이런 것일까? 총알도 무서워하지 않는 가녀린 여 성의 힘.

"한수야, 한수야, 어디 있냐? 엄마다, 한수야!"

피를 토하듯이 둘째 한수를 불렀지만, 찾을 길이 없었다. 하늘 이 노래지며, 땅바닥에 털썩 주저앉아 버렸다.

"이 일을 어쩌누? 생떼 같은 둘째 자식 놈을 잃어 버렸네. 어 미라는 것이 애 하나도 건사를 못하고, 아고……"

그러자 갑자기 두 눈에 들판에 묶어 놓고 온 두 남매의 얼굴 이 떠올랐다. 그 순간 한수 어머니는 둘째가 빠진 3명의 생명이 라도 살리려면 남편을 먼저 살려 내야겠다는 생각이 들었다. 몇 일전부터 점령된 서울의 거리와 관공소에는 따발총을 맨 인민군들이 포진 하고 있어 남쪽 자유의 고향땅을 가려면 통행증이 있어야 가능했다.

🍎 3명의 생명을 살리려면 쫓기는 남편부터 살리자!

돌아오는 길은 차라리 허탈했지만, 세상을 이겨 낼 것 같았다. 당장 애들도 걱정이지만 쫓기는 남편마저 죽는다면, 세 모자는 살아도 죽은 목숨이라는 생각이 들었다. 그러자 남편을 살려야겠다는 생각이 머리를 스쳤고 곧바로 인민군 사무소로 달려갔다.

남편이 살아야 우리 3명이 다 산다. 남아시아 대지진때 호주 여인이 두 사람을 살리기 위해 형을 놓지 않을 수 없었듯이 둘째를 잃었을망정 3사람을 살리기 위해서는 남편을 구해야 했다. 그 시대의 여자들은 혼자서는 도저히 살아가기가 힘든 세상이었다. 남편생각에 군복을 입고 무시무시한 따발총을 메고 있는 인민군도 보이지 않았고 무섭지도 않았다. 담당자를 찾아가 지금 남편이 아파 죽기 직전이다. 마지막으로 고향에 가야겠다. 통행증을 발급해 달라고 애걸 했지만 될 리가 만무했다.

"젊은 나이에 인민군대로 가서 나라를 해방시켜야 할 때 이게 무슨 씨나락 까먹는 소리여, 당장 가시오!"

"흑흑, 지금 시골 고향에는 늙고 병든 부모님이 계세요. 제발 통행증 좀 발급해 주세요. 당신들도 부모님이 계실 거 아녀요? 지금 자식보기만을 눈 빠지게 기다리고 계세요. 제발 부탁입니다."

눈물을 흘리며 인민군들에게 생떼를 써 보지만, 그 인민군들은 눈 하나 깜짝하지 않는다.

"야 이놈들아, 네놈들은 애비, 어미도 없냐? 차라리 날 죽여라."

기를 쓰고 소리를 지르니, 인민군들은 어머니를 끌어내라며 소리치기 시작했다. 어머니도 끌려 나가지 않으려고 인민군의 바지자락을 잡고 애원하며 울고 있는데, 갑자기 귀가 찢어 질 듯한 폭음과 함께 면사무소 창문이 깨지고 비행기 폭탄 세례가 시작되었다. 다들 도망가기 바쁜데, 그 직원은 한수어머니에게 다리가 잡혀 나갈 수가 없게 되고 보니 엉겁결에 통행증에 도장을 찍어주고는 도망가기 바빴다.

🍎 구덩이에 묶인 두 남매

그제야 한수 어머니는 애들 걱정을 할 수가 있었다. 당장 한강으로 뛰어 가고 싶지만 또한 걱정이 태산이다. 한강 다리는 미군 폭격에 끊어진 것을 알고 있기에 애들을 안고 업고, 노 젓는 배를 타기란 상상만 해도 다리가 후들후들 떨려온다. 비행기

소리만 들어도 구멍을 찾아야 했다. 정말 필사적이란 말로는 형언하기 힘든 상황을 헤치고 돌아와 보니, 다행이도 두 남매는 그대로 있어 주었다. 신은 비록 둘째는 잃었지만 세 모자는 살리려는가 보다.

🍎 떠밀린 새로운 둘째

한강 다리가 끊어져 모두가 나룻배에 의존해 강을 건너려고 하다보니, 하루 종일 서로 배를 타느라 싸움을 했지만 별 수가 없었고, 이튿날도 배를 타는 건 죽음을 건 사투였다. 그렇게 마포강나루에서 배를 타는 전쟁은 계속되었고, 강물에 빠지고 자빠지고 죽으라고 나룻배 난간이라도 잡고 가려고 하는 중에 옆집의 처녀가 어린 애를 하나 데리고 같은 실랑이를 하고 있었다. 함께 배를 타느라 밀치고 강에 빠지고 자빠지고 하다가 겨우 한수 네는 탔는데 옆집 처녀는 어린애만 태우고는 강에 빠져 밀려나고 배는 출발하고 말았다. 간신히 강을 건너 기다리고 기다렸지만, 그녀는 건너오지 못했고 다시는 보지 못하는 인연이 되었다.

비행기만 간혹 나타나 피난민을 쫓곤 했다. 하는 수 없이 그들은 두 남매와 다시 얻은 둘째 아이와 함께 남으로 남으로 하염없이 걷고 걸어서 고난의 길을 가게 되었다.

호주의 그 여인은 형까지 찾아 돌아갈 집이라도 있었고, 오히려 유명인이 되어 후레쉬 세례까지 받았지만 한국의 그 여린 어머니는 먹을 것조차 해결할 길이 없었다. 들판에는 배추, 무 뿌리 하나 남지 않았고, 덜 익은 고구마마저 남아 있질 못했고 빈 집에도 곡식 한 톨 남아 있지 않았다. 그나마도 밤이면 밥 지을 불조차 피울 수가 없었다. 연기가 나면 미군 비행기가 어김없이 나타나 폭격을 가했기 때문에 밤에도 불을 피울 수가 없었다. 낮에 길을 가다가도 비행기소리만 나면 대피 사이렌이 울려 퍼지고 어김없이 논두렁에 타조마냥 머리를 박고 숨어야 했고, 밤이면 모기에 물리면서라도 들판에서 잠을 자야 했다. 남의 처마 밑이나 빈집 헛간이라도 차지하는 날이면 지금의 호텔방보다 더 좋았다. 고래대궐 같은 집을 짓고 금 침대, 물침대 들여 놓고 비단이불 쓰고 누워 본들 잠이 안 오면 말짱 헛것이지만, 그 속에서도 모자는 다행히 잠은 잘 수가 있었다.

피난길을 가면서 두 남매는 잘 견디어 냈으나, 다시 합류한 둘째아이는 설사에 피부병까지 들어 온통 부스럼투성이였다. 그것은 살아 있는 사람 모습이 아니었다. 하는 수 없이 길가에 버려진 타이어도 없는 리어카를 손을 봐서 둘째를 태우고 갈 수밖에 없었다.

🍎 좋은 것 잘난 것은 모두 둘째의 것!

미군 폭격 소리에 놀란 탓인지 그 둘째는 미운 오리새끼가 아닌 귀여운 장닭으로 잘도 자라 주었고, 시골 조그만 학교에서 6년 우등을 하고 보니, 조그만 그 동네에선 무엇이든 둘째 한수의 몫이었다. 미래 대통령에서부터 학교 교장선생님도, 면서기, 반장, 동장까지도 좋은 것은 모두 둘째 똘똘한 한수의 몫이었다.

그러나 둘째는 서서히 의심이 들기 시작했다. 흔히들 어릴 때 너는 다리 밑에서 주어 온 아이 라고, 너희 집과 고향은 다리 밑이야 하고 놀리는데, 놀림이란 것을 알면서도 부모들이 꾸중을 할 때면, 진짜 주어 온 자식이 아닌가 하는 의심이 들곤 했다. 키도 형제들과 다르고, 성질도 상이한 것 같고 어떤 날은 혼자 강가에서 주어온 아이라는 상상을 하며 하루해를 보내곤 했던 것이 생각이 난다.

🍎 40년 만에 눈물로 찾은 둘째

40여년이 지날 때쯤 KBS에서 이산가족 찾기라는 프로그램이 4천만 국민의 심금을 울려 매일 울음바다로 만들었던 날이 있었다. 어느 날 한수 어머님께서는 갑자기 눈물을 머금은 모습으로 40년 전의 미군폭격으로 잃어버린 둘째의 이야기를 털어놓으셨다.

호주의 어머니는 전 세계에 알려졌지만 서울의 한수 어머님은 40여 년 동안을 죄책감으로 입 한 번 열어 보지 못하신 채, 말문을 닫고 멍든 가슴을 부여잡은 채 살아가셨다.

한수는 그렇게 살아오신 어머님의 그 심정을 생각하니 자기 가슴이 더 뜨겁게 달아오르고, 지금도 그때의 가련한 어머님 모습을 생각하니 눈시울이 붉어져 온다.

오늘 저기 남쪽 아시아 나라에서 전해준 죽음 앞에서 두 형제를 붙들었지만, 형을 놓을 수밖에 없었던 세계적 뉴스의 인물이 된 먼 나라 호주 어머니의 가슴과 비 오듯이 떨어지는 포탄의 죽음 속에서도 아들을 데리고 나오지 못한 죄책감으로 40여년을 말문도 열지 못한 채, 혼자만의 죄책감으로 가슴속 열쇠를 채우고 속 아름을 해 오신 한수 어머님 중 과연 어느 분이 장한 모습일까? 왜 한수는 이날 한없이 그렇게도 울었을까? 어머님이 생각나서만도 아니다.

한수는 오늘도 50년을 쫓김의 소용돌이 속에서 살아가고 있다. 누가 따라 오지도, 추격해 오지도 않는데 왜일까? 포탄 속에서 잃어버린 둘째와 손을 잡고 나온 형과 누이동생. 그리고 다시 찾은 둘째의 삶은 과연 어떻게 달라졌을까? 또한 죽음 앞에서 어머니의 손에서 살아난 아우와 혼자 기둥을 잡고 살아난 형제의 삶이 어떻게 달라질 것인지 궁금해진다. 20년 후 한수는 그들을 나의 삶과 비교하려 한다.

55년 전 세상의 아무도 몰랐던 그 사건을 떠올리면서……

🍎 자서전 후기

태어나서 여태까지 자서전을 쓰게 된다는 것은 꿈에도 생각해본 적이 없었다. 망설이고 망설이다가 시도를 해 보았지만, 다시한번 난감함에 부딪치고 말았다. 도대체 어디서부터 써야 할지도 몰랐던 것이다. 그래서 수업시간에 들었던 내용들을 주섬주섬 떠올리며 간략하게나마 적기로 마음먹었다.

학교와 집에서 시간을 내어 간단하게나마 나의 인생에 대해 쓰고 나자, 각자 발표하는 수업시간이 돌아오게 되었다. 나는 다른 분들에 비해 나중에 발표하게 되었는데, 앞서 발표하는 분들의 10명 중 5·6명의 학력들이 대부분 최고학부 출신들이었고, 또한 경력들도 내노라 하는 자리의 분들이셨다. 그분들에 비해나는 맞춤법도, 띄워 쓰기도 제대로 못하는 학력에 가난한 농가의 출신이었다.

어린시절 무작정 서울로 상경해 온갖 고생을 하면서 청년기를 맞이하게 되었고, 자영업으로 생활을 이어오다, 몇 년 전부터 뜻있는 종교단체에서 자원봉사 활동을 해오면서 지금에 이르고 있다. 이런 내용의 자서전을 발표하면서, 나도 모르게 몸과 목소리가 떨리고 진땀이 나기 시작했다. 초등학생도 아니고, 다 큰 어른이 숙제검사 받는 아이처럼 발표하기 전부터 긴장했던 것이 그런 증상으로 나타난 듯싶었다. 나의 순서를 끝낸 후엔 발표전에 가졌던 부끄러움보다는 한 줄기의 후련함을 느낄 수 있었

다. 그 후련함은 아마도 녹녹치 않았던 나의 인생이었지만, 지금
까지 지켜올 수 있었던 내 안의 희망의 한줄기는 아니었을까?
하지만, 세월의 무심함이었는지 다시 자서전을 이어갈 용기는
나지 않았다.

그러던 어느 날, 선생님으로부터 자서전 발표 후의 소감문을
적어 보지 않겠느냐는 제안을 받고서는 무조건 "예! 해보겠습니
다."라고 당차게 대답을 해 보았다. 어둑해진 달빛을 뒤로 하고,
집으로 돌아온 나는 내 방의 컴퓨터를 마주하고 앉아 있었다.
막상 그때를 다시 생각하며 이 글을 쓰려는 순간, 만감이 교차
하면서 눈물이 하염없이 쏟아지기 시작했다. 자판은 보이지 않
고 눈물로 얼룩이 된 얼굴만을 감싸 안으며, 이 새벽까지 끝없
는 눈물을 쏟아내고만 있다.

이 못난 내가 이 글을 제출할지도 망설여진다.

하지만 아니다!

그래도 나는 글을 쓸 수 있는 힘이 있고, 무지하지만, 수업시간
에 배웠던 대로 자서전을 나의 개인 블로그에 사진과 함께 올려도
보았다. 그런 나 자신을 얼마나 대견하게 생각했던가! 그리고 얼
마나 혼자서 뿌듯해했던가! 또한, 나를 안내해주시고 가르쳐주신
모든 분들과 선생님들에게 보답은 못할망정 두서없지만 선생님과
의 약속은 지켜야 한다고 생각한다. 다시 적어 볼 엄두가 나지 않
았던 자서전이었다. 하지만 내게 주어진 이런 기회를 통해서, 나의
인생을 반추할 수 있는 능력과 삶은 그 자체로 위대하다는 것을
느낄 수 있게 해준 감격의 순간만은 정녕 잊을 수 없을 것이다.

자서전 예시❸

🍎 6.25와 나

1950년 우리 가족은 어머니와 남동생, 그리고 나 셋이서 서울 종로구 인사동에서 살고 있었다. 그해 6월25일 북한군이 불시에 남침을 감행해 왔다. 당시 내 나이 11살. 서울 종로 초등학교 5학년이 얼마 안되서였다.

"전쟁이 터졌데요, 아고, 다 죽었네, 인민군이 쳐 내려 온데요!"

사람들은 삼삼오오 모여 앉아 전쟁얘기로 동네 분위기는 어수선해지기 시작했다. 당시 어머님과 또 다른 사람들이 말하기를 공산당도 사람인데 우리 같은 사람들에게까지 해코지를 하겠느냐하며 피난 갈 생각도 않고 그대로 서울에 눌러 있었다.

그해 6월 28일.

인민군 서울 입성 시 나도 종로 2가 대로변에 나가 인민군이 탱크와 트럭으로 이동하는 것을 보았다. 당시 국군의 저항은 새벽녘에 간헐적으로 조금 있었지만 낮에는 전혀 볼 수조차 없었다. 학교도 아니 가고 며칠인가 지난 것 같았다. 학교에서 나오라는 소식이 왔다. 그런데 우리가 다니던 학교에는 인민군이 주둔 하고 있었기 때문에, 인사동에 있는 승동교회로 모이라는 지시를 받았다. 그곳에 가보니 교장 선생님이 나오셔서 무엇인가 이야기를 한 기억이 난다. 당시 교장 선생님은 여자 분으로 오씨 성이였던 것 같고, 요즘은 잘 볼 수 없는 언청이 수술을 하신 분이라 그 장면이 지금도 기억에 생생이 남아 있다. 그런데 학교에서는 공부한 기억은 없고, 매일 김일성 노래만 가르쳐 주었다.

'장백산 줄기줄기……'

그런데 얼마가 지났을까 하루는 어머니가 밤에 동내 사람들과 함께 부역을 다녀오신다며 나가서는 그 이튿날 아침에 돌아오시곤 하셨다. 이렇게 얼마를 지내다 보니, 집에는 쌀이 다 떨어지게 되었다. 그러던 어느 날, 어머니께서는 군인들이 있는 곳에 가서 부역을 하면 밥과 누룽지를 얻어 올 수 있다고 하시며 나가셨는데, 정말로 누룽지를 얻어 오신 것이 아닌가! 지금이야 누룽지가 간식거리로 여겨지는 세상이지만, 그 당시는 먹을 것이 없었기에 밥과 진배가 없는 훌륭한 한 끼 식사였다. 우리 형제는 그 누룽지를 밥 톨 하나도 흘리지 않고 아주 맛있게 먹었다. 지금 생각해 보면, 참 철이 없었다는 생각이 든다. 어머니가 힘겹게 부역으로 벌어온 누룽지를 아무 생각도 없이 맛있게만 먹었으니, 자식은 참으로 부모의 평생의 업이라는 생각이 들었다. 어머니가 부역하는 곳은 집에서 과히 멀지 않는 안국동 풍문여고 근처라고 들었다. 지금이야 휴대전화라는 것이 있어, 멀리 떨어져 있어도 연락할 수 있지만, 예전에는 그렇지가 못했다. 어머니는 또 부역을 나가야 하신다며 나가서는 아무 소식도 없이 3일간을 돌아오시지 않으셨다. 우리 형제에게는 가족이라고는 어

머니밖에 계시지 않았는데, 그런 어머니가 돌아오시지 않은 것
이었다.

"엄마, 빨리 와라, 엄마, 우리가 보고 싶지도 않나?"

두 형제는 밥도 먹지 못하고, 개구리 마냥 인사동 대로변에
나와서 북쪽 안국동만을 바라보며 어머니가 오시기만을 학수고
대 하며 울고 또 울고 있었다. 그래서 지금도 편모슬하의 불쌍
한 아이들만 보면 그때의 내 생각에 가슴이 저려온다. 그 때, 내
친구 누나인 순조누나가 다가와

"이거 먹어, 누룽지 끓여 왔다."

누룽지를 줬는데도 먹지 않고 울기만 했던 기억이 난다. 몇
일간 먹지도 못해서 배가 고팠지만, 어머니가 계시지 않으니 먹
을 것도 다 소용이 없었다.

어머니가 부역을 가신지 4일째. 우리 형제는 그날도 처량한
모습으로 길가에 나가 쪼그리고 앉아서 어머니만을 기다리고 있
었다. 저녁노을이 질 무렵 저 멀리 관훈동 사거리에서 희미하게
어머니의 모습이 보이기 시작했다.

"엄마아! 형아, 우리 엄마다." "어디? 어디? 엉? 엄마 맞다!"

우리 형제는 숨이 멎도록 단숨에 한 길로 뛰어갔다. 흰 저고
리에 키 작은, 그리도 그리워했던 어머니! 그 어머니에게 안기며
세 모자는 떨어질 줄 모른 채 부둥켜안고는 길가에서 대성통곡
을 하였다. 어머니는 우리 형제 걱정이 되어서 집에 보내 달라
고 부탁을 했지만, 부대에서 거절을 했다고 한다. 그 이유는 한
번 보내놓으면, 다시 온다고 했던 사람들이 돌아오지 않자 어느

날인가부터 부대 내에 들어온 사람들은 아예 나가지 못하게 가뒤 버렸다고 한다.

3일이 지난 후 어머니는 책임자에게

"그동안 잘 돌아오지 않았습니까? 옷만 갈아입고 올 테니 좀 보내주세요."

하며 통 사정을 하신 끝에 빠져 나왔다고 하셨다. 그리고는 이젠 가지 않을 거라 하시며 밤에 마포 나룻가에 가서 포탄 운반하는 부역을 하시곤 하셨다.

전쟁이란 것이 참으로 무섭다는 것을 어린 나이에도 알게 된 사건이 우리 동네에서도 발생하게 되었다. 인간의 간교함이라고 나 할까? 수십 년간 이웃지간으로 알고 지낸 사람들을 군인가족, 경찰가족 등 또는 자기와 감정이 안 좋았던 사람들의 꼬투리를 잡아 인민군에게 밀고하는 사건들이 발생해 동네분위기는 살벌하기가 말로 다 할 수가 없을 지경이었다. 당시 남아 있는 일반인들은 이런저런 곤욕을 치르며 세월을 탓할 수밖에 없었다.

그해 9월 28일 미국 맥아더 장군의 인천 상륙작전 성공으로 서울 수복이 이뤄졌고, 인민군이 허겁지겁 물러가는 판국이라 다행히도 큰 시가전은 없었다. 9월 28일 당일 미군이 서울 입성을 종로를 통하여 동대문 쪽으로 행군할 때 많은 사람들이 거리로 나와 만세를 부르고 환영하는 큰 행사가 있었다. 그때 나도 종로2가 큰 길에 나가 구경하다 집으로 돌아오는데, 신기한 광경을 보게 되었다. 파고다공원 뒷문 쪽(낙원동쪽), 창고에서 사람들이 쌀가마를 가져오고 있었다. 나와 막내 외삼촌도 그곳에 가서 쌀가마니를 한 가마니 끌고 와서 열어 보니 쌀이 아닌 하얀 밀가루여서 어찌나 실망을 했던지……그래도 그것이 1.4후퇴 피난 갈 때까지 우리 집 양식에 많은 도움을 주었다. 외삼촌은 당시 인민군에 끌려가 풍문여고에 집결하고 있다가, 9월 26일 학교 담을 넘어 도망쳐 와서 우리 집에 숨어서 지내고 있었다. 수복이 된 후로는 국군에 입대했다고 들은 기억이 난다. 외삼촌이 9.28수복 후 입대하기 전까지 어머니와 둘이서 과일 장사를 하셨다. 과일은 퇴계원까지 가서서 먹골배라는 것을 사와서 다시 파는 형태였다. 그러던 어느 10월 달 인걸로 기억된다. "너도 따라갈래?" 하며 어머니가 물어 보셨다. "진짜로?" 난 당연히 신이 나서 따라 나서게 되었다. 그때는 인심이 좋아서 그곳에서 먹는 것은 뭐든지 공짜였기 때문에, 어머니는 일부러 나를 데리고 가신 거였다. 어머니와 외삼촌을 따라간 과수원에서 이곳저곳을 돌아다니고 있었는데, 달콤한 냄새에 이끌려 복숭아밭에 이르게 되었다. 복숭아는 이미 다 따서 보이지도 않았는데, 한 나뭇가지에 달랑 한 개가 종이에 쌓여 있는 것이 아닌가! 난 손에 잘 닿지도 않는 복숭아를 발견하고 그것을 따려고 몇 번이나 껑충껑충 뛰다가, 겨우 따서 먹게 되었다. 그리고는 그 자리에서 게눈 감추듯이 먹었는데 그 맛은 지금 54년이 지나서도 잊을 수 없는 맛이었다.

인민군이 서울을 빠져 나간 후 종로 경찰서 지하 또는 낙원동 어떤 건물 지하실 등에서 인민군이 죽이고 간 시체들이 쏟아져 나왔다는 이야기가 동네에 돌곤 하였다. 그때 북한 정권이 서울 시민을 얼마나 못살게 굴었던지 1.4후퇴 시 서울에는 노인 몇 사람만 남고 전부 피난을 나가 서울에서 사람 찾아보기가 힘들 었다고 한다. 나는 그때 나이는 어렸으나, 그때 충격으로 공산주의가 무엇인지 잘 모르지만, 지금까지도 철저한 반공주의자가 되어 있다.

그 당시, 나는 학교도 안가고 집안일을 도우며 지내고 있었다. 먹고 살기 위하여 11월과 12월에는 팔 만한 과일도 없고 해서, 서울 중구 북창동(서울 시청 맞은편) 중국인 촌에 기거하면서 장사할 거리를 찾고 있었다. 그곳에서 중국 사람들이 꽈배기(지금은 그때와 같은 꽈배기는 보지 못하였음)라 하여 밀가루로 자장면 면 줄기 정도의 굵기로 하여 여러 번 꼬아서 기름에 튀겨 낸 것이 있었다. 이것을 100원에(화폐 액수 단위는 확실치 않음) 15개 내지 17개를 받아와서 한 개에 10원씩 팔면 50%~70% 남는 꽤 괜찮은 장사였다.

※ 이후 화폐개혁이 100대1 즉 100圓을 1환으로 하였고 5.16 이후 10대1 즉 10환을 1원으로 하였음.

이렇게 지내다 국군과 유엔군이 계속 북진을 하여 곧 통일이 되는가 싶었다. 그런데 이때 중공군이 군인 숫자를 앞세운 인해전술로 압록강을 건너오게 되었다. 아군이 밀리기 시작하더니 급기야는 서울까지 내주게 되었다.

인민군의 서울 입성 직전, 추운 겨울이었지만 서울 시민 모두가 피난길을 떠나지 않을 수 없었다. 우리도 피난을 가기로 하고 모든 집기는 뒷마당에 웅덩이를 파고 큰독을 묻어 중요하다 싶은 물건은 전부 묻었다. 그리고 노량진에 사시는 이모님 댁이 한강 이남이라 그곳으로 피신하기로 했다. 지금 생각해 보면, 그리도 무거운 재봉틀을 어떻게 들고 갔는지 아이러니인데, 어머니는 바느질 하나만은 자신이 있다 하여, 밥 먹는데 도움이 될거라 믿고 재봉틀을 머리에 이고 등에는 집에 있던 쌀을 메셨다. 나는 고리짝에 우선 갈아입을 옷가지를 등에 지고 동생도 조그마한 보따리를 등에 지고 종로에서 노량진까지 걸어서 가게 되었다. 그 어린 나이에 짐까지 지고 그 먼 길을 걸어갔으니, 얼마나 다리가 아프던지……

"엄마, 다리 아프다. 좀 쉬었다 가자."

"안돼, 빨리 가야 돼, 안 그러면 우리 세 식구 다 죽는 거야."

다리에 감각도 없이 걷는 건지 어찌 갔는지, 얼마나를 걸었을까 용산 역을 좀 지나가는데, 저만치서 이종 사촌 누님이 나와 계셨다. 누님은 우리를 반갑게 맞으시며 우리와 같은 길을 가게 되었다. 부산가는 기차를 이모부께서 마련해 주셔서 기차를 타러 가는데, 식구들들 모두가 같이 가게 되었다. 이모부께서 빨리 플랫 홈으로 가자하여 가보니 그곳에는 화물칸을 여러 개 단 기차가 있었는데, 피난민이 서로 몰려와 타겠다고 아우성이었다. 전쟁의 참상은 어디가 끝인 줄 모르게 지옥 불처럼 서로를 죽이는 모양이었다. 그 야단법석 속에서도 우리는 이모부덕에 화물칸 안에 자리를 잡을 수 있었다. 화물칸 안에 자리를 잡지 못한 사람들은 화물칸 지붕 위에 자리를 잡고 하여 얼마 후 어두워지자 기차가 출발했다. 세월이 흘러 문득, 내가 만약 그 기차에 타지 못했더라면 나는 지금쯤 어떤 자리에 있었을까하는 생각을 간혹 해보게 된다. 나의 운명의 끈. 이렇듯 나의 진로를 바꾸어 놓은 사건은 아버지의 죽음 등 여러 번의 사건으로 각인되어 있다.

　기차는 부산까지 가는데 어린 나로서는 한달을 간 것으로 여겨졌다. 나중에 어른들 말씀이 보름 정도 걸렸다고 하신다. 기차는 항상 밤을 이용하여 움직였고, 군수물자 차량이나 특수 차량에게 양보했기 때문에, 역에 도착 하면 언제 기차가 출발할지 알 수 없었다. 낮에는 보통 운행하지 않았기 때문에, 아이들은 차에서 내려 놀곤 하였다. 얼마쯤 지났는지 모르겠으나, 화물칸 지붕 위에서 누가 아기를 낳아 화물칸 안으로 들어오게 했다는 이야기와 기차가 굴을 지나는데 밤이라 사람이 떨어져 죽었을 것이라는 등 비참한 소리가 들려왔다.

　지금이야 깨끗하게 목욕들을 많이 하니 '이'라는 놈이 없어 졌지만, 예전에는 '이'라는 것은 누구나 가지고 있는 벌레였다. 피난 가는 도중에 동생이 손뜨개질로 짠 스웨터를 입고 있었는데, 자꾸 가려워서 어머니에게 도움을 청했다.

　"엄마 자꾸 가려워." 하며 벅벅 긁는 날 보며 어머니는 "어디 보자" 하시며 기차가 서 있는 낮 시간에 동생과 나의 옷을 벗겨서 따뜻한 햇볕에 말리시곤 하셨다. 그런데 '이'라는 놈들이 스웨터 바늘 코마다 박혀 있어 어머니는 안 되겠다 하시며 그 스웨터를 그곳에 버리자고 하셨다. 그렇게 피난생활을 하다 보니 우리의 일정보다는 기차의 일정이 항상 우선시 되었다. 하루는 저녁밥을 플레 홈 근처에서 짓고 있었는데, 갑자기 기차가 떠난 다 하여 끓다 만 밥을 세 식구가 우적우적 먹은 날도 있었다. 끓다 만 밥을 먹었는데도, 아무 탈이 없었으니, 요즘 같았으면 어림도 없는 얘기처럼 들릴 것이다.

기차는 긴 시간을 떠나서 한밤중에 부산진역에 도착했다. 역 근처 처마가 긴 가게 앞에서 요즘 말하는 노숙자처럼 바닥에서 하룻밤을 보낸 후, 다음날 이모부의 여동생이 살고 있다는 서면 으로 이동하였다.

세월이 흘러 1962년 군복무 시절, 노숙하던 장소를 다시 찾게 되었다. 시간은 지났지만, 우리 세 식구의 추위를 지켜준 긴 처 마는 여전히 그 가게를 지키고 서 있었다. 시간은 모든 걸 아름 답게 변화시키는 모래가루라고 했던가! 그 비참했던 피난시절의 추억도 지금은 아련한 기억으로 남는 걸 보면 말이다. 그 후로 도 1980년에 회사 일로 다시 가보게 되었는데, 완전히 바뀌어서 이제는 알아볼 수가 없었다.

🍎 자서전 후기

　간혹 서점에 들러서 유명 인사들의 자서전을 보게 될 때면, 나도 내 자서전을 한 번 써보는 것이 어떠한가. 라는 생각을 가진 적이 있었다. 그러나 그때마다 '누가 보아준다고? 먹고 살기도 바쁜데, 글재주도 없는 놈이 가당키나 하냐?'는 어둠의 소리에 귀 기울이며 자포자기로 마음을 묶어 놓곤 했었다. 그러던 어느 날, 상명대학교 실버호스텔 교육 과정 중에 자서전 쓰는 시간이 있다는 것을 알게 되었다.

　'그렇지, 요즈음 퇴직하고 나서 시간 하나만은 많이 있지 않냐?' 하는 반가운 생각이 들어, 선생님의 말씀대로 살아온 발자취를 진솔하게 써 보아야겠다는 다부진 생각을 갖게 되었다. 하지만, 막상 글을 쓰려니 보니 어디서부터 시작해야 할지 감이 잡히지 않았고, 얼마나 세부적으로 쓰느냐는 것조차도 어려운 일이었다. 그래서 수업시간에 배웠던 것을 토대로 우선, 내 기억에 또렷이 각인된 것 중 어린 시절의 일부터 쓰기로 마음먹었다. 내 나이 11살, 국민 학교 5학년 때인 6.25사변 때의 일부터 쓰기로 했다. 하지만 기억들은 영화필름과 같이 눈앞에서 어른거리기 시작하는데, 평소 악필임을 핑계 삼아 편지조차 사양했던 내가 글을 쓰자니 난리도 이런 난리가 없었다. 앞뒤가 바뀌는 것은 물론이고, 철자법에 띄어쓰기도 안 되지, 거기다 키보드를 독수리타법으로 두드리다 보니, 엉뚱한 글씨는 언제 틱어 나

왔는지, 한참 후에야 확인 차 다시 읽어 보면 내가 쓰고도 기가
막힐 노릇이었다. 틀린 정도가 아니라, 온통 무슨 말인지 모를
글투성이요, 누가 쓴 글인지 엉망이었다. 그래도 한 번 시작한
일이고, 선생님의 감독도 보통이 아니어서, 수정을 몇 번씩 해
나가면서 써 내려가고 또 써나갔다. 그런데, 수정을 하고 또 하
다 보니 이제는 맞는 글자까지도 틀린 것 같아서 고치게 되고,
띄어쓰기 하지 않을 곳까지 띄는 일도 있었다. 계속된 수정작업
을 하다보니, 이러다가 출판은 고사하고, 나 먼저 지쳐 떨어져
나갈 모양이었다. 그래서 마음을 고쳐먹고는, 남들이 내 글을 읽
을 때, 읽는 분이 흥보는 일 이외의 다른 일이 있겠나 싶어 그
대로 쓰기로 마음을 고쳐먹었다(지금 이글도 마찬가지의 심정으
로 쓰고 있다).

그렇게 하다보니 생각 했던 대로 많은 시간이 요구되었다. 집
에서 더 보충해서 6.25때 부산으로 피난 간 것까지 쓰고 나니,
이제는 누구에게 보인다는 생각보다는 내 인생을 돌이켜 본다는
의미에서 계속 써야겠다는 마음을 품게 되었다. 그러다 돌연, 어
떤 일을 맡게 되었고, 그 일로 인해 지금까지도 끝은 보이는데,
마음만 급하게 뛰고 있을 따름이다.

우연찮게 시작한 나의 자서전이다. 생활에 쫓겨 후속작업은
아직 미진하지만, 빠른 시간 내에 반드시 완성하고 싶다. 그래서
내 아들 딸, 귀여운 손자 녀석에게도 보여 주고 싶다. 그들이 읽
어 보고 실망은 하지 않길 바라면서 말이다!

◆ 부록: 회상에 도움을 주는 틀

나의 연대기표 작성하기

연도	연령	개인적 사건	사회적 사건	비 고

🍎 자서전을 위한 나만의 프로젝트

➤ 프로젝트 명:

➤ 프로젝트의 목적:

-
-
-

우선순위	자서전쓰기 위해 할 일	시작일	마치는 일

➤ 돌발 상황에 대처하자

-      ⇨
-      ⇨
-      ⇨

🍎 어릴 적 내가 살았던 집 주변을 그려보세요.

🍎 어릴 적 가장 행복했던 나의 모습을 그려보세요,

🍎_____님의 프로필!

얼굴사진

_____

_____

_____

_____

_____

미 주

1) Mathieu-Castellani(Giséle), *La scéne Judiciaire de l'autobiographie*, PUF, 1996.
2) 유호식(2002), 성찰의 글쓰기와 자기 정당화의 글쓰기, 서평문화, 제48집, 서울; 한국간행물윤리위원회.
3) 이금룡(2004), 한국사회의 노년기 연령규범에 관한 연구, 한국노년학회.
4) 강헌구(2000), 아들아, 머뭇거리기에 인생은 너무 짧다, 한언.
5) Jourard(1971), *Self-disclosure: An experimental analysis of transparent self.* New York: John wiley and Sons.
6) 이덕화(2002), 여성적 글쓰기로서의 자서전, 여성문학연구 8권, 한국여성문학학회.
7) George E. Vaillant(2002). *Aging Well.* 이덕남 역 (2004), 10년 일찍 늙는 법 10년 늦게 늙는 법, 나무와 숲.